1 MONTH OF
FREE
READING

at
www.ForgottenBooks.com

---◆---

By purchasing this book you are eligible for one month membership to ForgottenBooks.com, giving you unlimited access to our entire collection of over 700,000 titles via our web site and mobile apps.

To claim your free month visit:
www.forgottenbooks.com/free974794

ISBN 978-0-331-09738-2
PIBN 10974794

This book is a reproduction of an important historical work. Forgotten Books uses
state-of-the-art technology to digitally reconstruct the work, preserving the original format
whilst repairing imperfections present in the aged copy. In rare cases, an imperfection in
the original, such as a blemish or missing page, may be replicated in our edition. We do,
however, repair the vast majority of imperfections successfully; any imperfections that
remain are intentionally left to preserve the state of such historical works.

For support please visit www.forgottenbooks.com

Edição da REVISTA E INFANTERÍ

NO SUL DA AF CA

(Estudo de tactica)

POR

DAVID AUGUSTO RODRIGUES

Tenente de infanteria

LISBOA

—

TYP. DA COOPERATIVA MILITAR

1903

NO SUL DA AFRICA

Ha cerca d'anno e meio que no Sul da Africa se travou a lucta anglo-boer, em que os interesses d'uma nação, impulsionada pela politica imperialista, levaram um exercito de 250:000 homens d'encontro a um povo que homericamente defende a sua independencia.

Essa lucta encarniçada, a mais memoravel depois dos famosos dias de 70, tem sido levada a cabo com os meios que as auras d'um progresso gigante têm posto á disposição do homem. O ultimo quartel do seculo XIX, apparentemente tranquillo e offerecendo uma paz bonançosa, permittiu que as chancellarias tivessem o seu funccionamento regular e que ao mesmo tempo nos arsenaes, gabinetes e laboratorios se estudassem os meios mais assombrosos de destruição humana de que no mundo ha memoria.

A acção d'esses engenhos no campo de batalha era theoricamente conhecida, mas os seus effeitos reaes e as consequencias que arrastam só na campanha sul-africana foram bem conhecidos.

Todos hoje conhecem a marcha d'essa campanha, bem como os armamentos, na acepção lata da palavra, com que se tem executado a lucta, mas o que talvez nem todos conheçam são as consequencias ou os effeitos tacticos que elles motivaram.

A tactica, filha dos armamentos e, por consequencia, do tiro, tem de se subordinar aos seus effeitos.

Essa subordinação, embora não corresponda a uma modificação, completa, representa, comtudo, uma alteração que é necessario conhecer para evitar os seus effeitos, porque, sem isso, póde-se correr no risco de vêr, n'um momento dado e quando menos se pensa, quebrados todos os esforços e esmagados os mais acrisolados heroismos.

E' essa a ardua tarefa a que nos vamos lançar, ardua porque é difficil, ardua porque não temos competencia para isso, ardua porque ainda os recursos escasseiam, mas as faltas ou erros que commettermos serão certamente perdoados pelos nossos camaradas em face dos desejos que temos em acertar.

Comtudo não pedimos indulgencias; vamos aqui fazer revelações graves, e para aquelles a quem as nossas affirmações pareçam paradoxos tacticos podem contar com as columnas d'esta Revista, porque nós, dentro dos principios da urbanidade e da delicadeza, não temos escrupulo algum, antes prazer, em discutir todas as questões technicas que se vão ventilar.

Antes de entrarmos n'esse estudo indicaremos, em traços geraes, as qualidades militares dos belligerantes.

Na Inglaterra, se não ha horror pela vida militar, ha pelo menos odio ao serviço obrigatorio e a convicção em todo o povo inglez de que pelo mister das armas se não faz fortuna.

Com espirito mercantil, ideias cosmopolitas e avido de fortuna, lança-se o povo inglez por toda a parte á procura de riqueza.

O governo de Inglaterra, respeitando estes sentimentos, dá ao povo liberdade ampla de ganhar a vida sem lhe impôr obrigações militares. Sem leis de recrutamento lança mão dós *mercenarios,* e para respeitar os sentimentos do seu povo vae ás escumalhas da cidade procurar os vagabundos para, com elles, defender a patria.

Estabelecido o contracto pelo qual o inglez vende o seu corpo aos interesses da nação, vae para um quartel onde tem todas as commodidades e gosa todas as regalias e onde não o incommodam muito com instrucção, porque isso afugentaria os vindouros que os hão de substituir.

Se o soldado em Inglaterra é o foragido da vida que fórma a escoria da sociedade, o official, em contraste, pertence á flôr da fidalguia. O recrutamento ha poucos annos que deixou de ser bem antiquado.

Hoje ainda em Inglaterra ha officiaes superiores que compraram as suas patentes com o valor das suas. libras. A guerra de 70-71, mostrando a necessidade de officiaes sabedores e com competencia profissional, obrigou a governo de sua Magestade Graciosa a acabar com esse processo e 'a crear escolas especiaes. Os preparatorios para a entrada n'essas escolas são poucos e os cursos de pequena duração.

O official inglez, devido a isso tem poucos conhecimentos profissionaes, e durante a paz não os pôde adquirir porque nos quarteis não se trabalha e porque a sua vida mundana, a frequencia da *grande roda,* não lhe deixa tempo para estudos especiaes.

Na campanha sul-africana tem sido muito discutido o procedimento d'uns e outros, mas em resumo pôde-se dizer que os officiaes exposeram sempre a vida temeraria e loucamente, mas muito nobremente tambem, a ponto de parecer que pretendiam vencer com o impeto da sua audacia a acção do fogo que os aniquillava.

Empregando os processos tacticos que a guerra de 70 ensinou, lançaram-se nos primeiros combates á lucta a corpo descoberto, executando soberbos e magestosos *lanços successivos,* mas o sibilar incessante das balas que os ameaçavam e que do alto dos *copjes* lhes eram lançados pelos boers, fizeram logo que as suas fileiras se rareassem e que immediatamente se lançassem á procura d'um abrigo que os guardasse de tanto damno.

Foi esta a primeira e talvez a mais dura lição que os inglezes receberam, porque foi aprendida á custa da vida dos filhos mais queridos da Inglaterra, mas apezar d'isso, a rigidez e tenacidade do caracter inglez, reforçada com os sentimentos cavalheirosos de que a nobreza de Inglaterra tão eivada ainda está, fez com que elles, ao lado das tropas coloniaes que já tinham entrado nas campanhas da India e que eram a flôr do seu exercito, pois que foram estas as tropas que encetaram a lucta e que deram os combates de Glencœ, Elandeslaagt, etc., se lançassem para a frente luctando com tanta difficuldade que certamente hade constituir, pelo esforço e heroismo, padrões gloriosos que brilhantemente figurarão nos annaes da historia da Inglaterra.

Mas na guerra não se querem heroismos inuteis e que sirvam sómente para immolar victimas illustres no altar da patria, na guerra querem-se, sim, esforços sensatos que levem á victoria que possa dar os fructos pelos quaes se lucta.

O soldado inglez não constitue o ideal d'um bom soldado, mas embora na paz discuta e exija os direitos que lhe pertencem, na guerra, no combate, na lucta, é o verdadeiro inglez dominado pelos traços caracteristicos do stoicismo da sua raça que, ou se lança para a frente como um tigre enraivecido ou leão indomavel, ou recua e foge como o indifferente a quem não importam os destinos da patria; o seu caracter tem estas duas feições, e foram estes dois contrastes que tantas vezes, como veremos, se pozeram em evidencia.

O boer não é um soldado, é um cidadão que defende a tiros de *Mauser* a *farm* que o viu nascer. A sua vida campestre, ao grande ar e ao grande sol, envolvendo todas as qualidades de rusticidade, trabalho e sobriedade, junta á destreza do tiro, dá ao boer bellas qualidades d'um excellente soldado.

Comtudo, o soldado não é sómente o homem que maneja a arma e que sabe cavar uma trincheira; para ter esse nome necessita ter instrucção profissional, educação moral e obedecer aos preceitos da disciplina.

E' isso que falta ao boer e é isso que é necessario na guerra para haver unidade de commando e acção na execução.

Sem instituições militares e sem alguem que tivesse aprendido a guerra, encontraram-se sem chefes que inspirassem confiança e que incutissem força moral; sem educação, espirito militar e subordinação, cada um fazia o que entendia e combatia quando lhe appetecia; sem unidade de commando, não fizeram convergir os seus esforços e não procederam com unidade d'acção.

Além d'isso os boers, por espirito religioso ou por sentimentos humanitarios ou pelos defeitos que já apontámos, não emprehenderam uma offensiva tactica que lhe podesse garantir os fructos que lhes tinha dado a destreza do tiro.

O soldado heroico quando commandado por um chefe valoroso, não se limita a dar tiros precisos da retaguarda do abrigo que o guarda, pois que veremos que muito embora a prudencia indique a necessidade de recorrer ao abrigo para resistir ao tiro, é necessario, quando as occasiões são favoraveis, deixar esse mesmo abrigo para emprehender um contra-ataque vigoroso. ˎ

Pela sua tendencia para o combate defensivo deixaram perder excellentes occasiões de effectuar contra-ataques que dariam certamente soberba lição aos generaes de Inglaterra.

A guerra de 1870 marcou na tactica uma etape avançada.

D'então para cá os progressos nos armamentos teem sido verdadeiramente assombrosos.

A velha Dreyse, arma de agulha que já por si marcava um progresso, foi soffrendo modificações successivas até que se chegou á arma de repetição e de calibre reduzido que, com o auxilio das polvoras chimicas, lança a cerca de 600 metros uma bala descrevendo uma trajectoria quasi rectilinea e tão tensa que até a essa distancia cria uma verdadeira zona perigosa total.

A velocidade de tiro, o alcance e a penetração, auxiliados por uma precisão e justeza quasi mathematicas, permittem cobrir n'um instante com uma verdadeira saraivada de chumbo o ponto que se desejar.

As polvoras chimicas, além das propriedades balisticas que offerecem, permittem tornar invisivel o atirador que se souber occultar.

Devido a isso sentir-se-ha, como succedeu aos inglezes em tantos combates, o projectil mensageiro da morte, mas não se conhecerá, por mais que se perscute, qual o inimigo que o manda, nem a posição que occupa.

Colenso, Modder River, Magersfontein, etc., fornecem hoje documentos historicos onde estas verdades se encontram confirmadas, e que por si, sendo o fructo de progressos tão assombrosos, levam a infanteria ao apogeu da gloria.

A artilheria, com as peças de tiro rapido e grosso calibre, lançando os explosivos modernos, é uma arma temivel e destruidora, mas a polvora chimica, que augmenta os seus alcances, constitue para ella, devida á ausencia de fumo, uma causa que prejudica e limita o seu emprego.

A cavallaria, devido ao grande alvo que offerece, é uma arma aniquillada nos campos de batalha.

A guerra de 70 deu-lhe um golpe mortal; a famosa carga de Sedan lançou a primeira pedra para a construcção do mausoleu onde, como reliquias,, se guardarão os padrões gloriosos das suas tradições historicas.

Os boers, indo para o combate montando os cavallos que lhe serviam na *farm,* conseguiram executar marchas estrategicas com rapidez nunca vista.

Essa qualidade de mobilidade obrigou os inglezes a montarem a sua infanteria.

Esse processo, hoje uma revelação, constitue a *infanteria montada,* que, segundo uma phrase d'espirito do coronel Hutton, constitue uma *quinta arma.*

Começaremos por encarar a campanha sul africana-debaixo do ponto de vista tactico, porque é no campo da tactica que mais licções proveitosas ella nos offerece.

Estes topicos geraes applicados ás tres armas e tirados como fructo da experiencia da campanha sul-africana, trazem, quanto a nós, as seguintes revelações, que depois procuraremos provar:

I — A polvora sem fumo permitte aos defensores o poderem-se occultar totalmente das vistas dos adversarios.

II — A consequencia da invisibilidade é a causa que provoca alterações mais radicaes nos principios da tactica.

III — A preparação do ataque, sempre de maxima importancia, é, divido a isso, d'uma realisação difficil e até impossivel, como chegou a succeder aos inglezes n'alguns combates.

IV — Os ataques de frente são d'uma execução difficil, e mesmo impossivel se o defensor estiver occulto.

V — Um ataque de frente deve ser sempre combinado com um ataque de *flanco.*

VI — Os *avanços successivos,* não devem ser executadas conforme prescreve a nossa ordenança.

VII — Só é possivel executar os assaltos quando o inimigo começar a abandonar a posição, e, portanto, só quando o fogo adversario enfraquecer.

VIII — O fogo, tanto o de infanteria como o da artilheria, é de effeitos nullos se o adversario conseguir mascarar a sua posição, o que é possivel.

IX — O fogo da infanteria é efficaz ás grandes distancias. Comtudo a maxima efficacia começa a 800 metros.

X — A polvora sem fumo limita immenso o emprego da artilheria.

XI - O fogo da artilheria só produz effeitos consideraveis e temiveis quando executado sobre massas ou alvos bem visiveis.

XII — A artilheria não deve ser empregada em massa.

XIII — A infanteria tem condições de se poder furtar ao tiro d'artilheria, não o temendo por isso.

XIV — O fogo da infanteria é efficaz durante a noute ás pequenas distancias.

XV — Os combates de noute devem ser executados por um grande numero de pequenas fracções de tropa.

XVI — Os reconhecimentos militares são da maxima necessidade. Os aerostaticos dão fracos resultados.

XVII — A defensiva, devido ás propriedades da polovra sem fumo, offerece notaveis vantagens sobre a offensiva.

XVIII — O fogo da defeza, quando sufficientemente preparada que possa occultar os defensores das vistas inimigas, deve sómente começar desde que o atacante se approxime á distancia de 800^m.

XIX — A defensiva só offerece notaveis garantias de successo quando é seguida d'um vigoroso contra-
ataque.

XX — A *infanteria montada* tem a maxima applicação
nas guerras coloniaes.

XXI — Officiaes e soldados devem ter o mesmo uniforme de campanha, que deve ser d'uma côr que
se confunda o mais possivel com o terreno.

XXII — Finalmente, o tiro nacional garante a *nação armada,* mas para a defeza dos estados é necessario um exercito permanente.

A outras considerações, umas politicas, outras de organisação e disciplina e outras estrategicas se póde chegar, o que faremos mais adiante e depois de provadas estas. Para isso necessario é fazer a descripção dos combates mais importantes travados no sul da Africa para da
narração dos factos tirar as conclusões, o que constituirá
a primeira parte do nosso estudo.

II

BATALHA DE COLENSO (1)

A batalha de Colenso é uma verdadeira lição cheia d'ensinamentos aproveitaveis.

A conducta dos boers mostra,' como vamos vêr, o quanto vale a astucia, o saber dos homens e a destreza do tiro.

Colenso foi uma victoria para os boers, mas uma victoria incompleta.

A astucia e o tiro podem erigir o pedestal gigantesco d'uma victoria triumphante, mas a estatua, essa, só pôde ser collocada pela mão vigorosa e pelo coração resoluto d'um povo gigante que, como doido, se lança ao inimigo.

As qualidades boers altamente aproveitaveis para a defensiva tenaz não são proprias d'um povo guerreiro, não são dignas d'um povo que lucta pela existencia e que vê que os seus bens terrestres, a sua *farm* deleitosa e amena que viu o florir alegre da sua juventude despreoccupada, que vê a velhinha que tantas vezes lhe embalou o berço, a esposa que tantos cuidados lhe merece e os filhos a quem tantos carinhos dispensa, correrem todos o mesmo risco, o risco dé desherdar o que lhes pertence e de perder o que, abaixo de Deus, lhes é mais caro.

(1) Poucas são os fontes, por enquanto, onde se podem colher dados seguros e positivos.

O estado maior inglez ainda não publicou a historia da campanha.

Ha contudo bastantes trabalhos já escriptos, mas que não obdecendo a um plano geral ou fim determinado pouco ou nada orientam.

As fontes principaes d'onde nós extrahimos os nossos apontamentos são o *Times*, o *Dayly Chronicle* e o *Black and White Budget*, jornaes londrinos, e o *Temps* e a *Revue du Cercle Militaire*, jornaes parisienses.

Os quatro primeiros mandaram para a Africa correspondentes especiaes que descrevendo as operações, mas não lhe dando um cunho militar, são bastante deficientes.

Os boers em Colenso bateram-se na defensiva, mas na defensiva pura, n'aquella em que o soldado se esconde atraz do abrigo e que d'ahi só sahe se fôr para retirar, para fugir.

O retirar na guerra nunca é victoria, mas tambem nem sempre é deshonra; mas o que é condemnavel, o que é, como sciencia militar, um erro, e como patriotismo, um crime, é ter occasião de esmagar o inimigo e não o fazer, e tanto mais quanto essa faculdade fôr favoravel áquelle a quem assiste todo o direito, o sagrado direito da defeza. Vejamos.

Os boers, cujo effectivo era de 13:000 homens, occupavam uma serie d'alturas cujas encostas olham ao Tujela, que correndo de oeste a este, torto e sinuoso, as contorna.

Essas collinas são, indo na mesma direcção, como se vê pelo mappa junto, Red Hill e Globler's Kloof, cujas encostas são muito escarpadas. Na frente de Colenso, na direcção norte, fica além de outras, a conhecida pelo Forte Wylie. Finalmente, mais para sudoeste, e já na margem sul do Tujela, assenta a collina de Hlanguwane Hill, que completa esta cadeia de fortes. As alturas d'estas collinas, que dominam as da margem sul, foram habilmente aproveitadas e fortificadas pelos boers.

As suas posições principaes eram no Red Hill e no Globler's Kloof, tendo collocado em cada uma d'ellas uma peça de grosso calibre, e no Forte Wylie, constituindo o centro d'estas posições, construiram os boers, nas encostas que olham a Colenso, tres andares de fortificações.

Os boers apoiaram a sua direita no Red Hill e a esquerda em Hlanguwane Hill.

Segundo noticia d'origem ingleza, os boers tinham 10 peças d'artilheria, sob as ordens de Pretorius, mas por uma exposição de Botha, commandante em chefe, não dispunham de mais de 4 peças de grosso calibre e uma Maxim.

Na margem sul, perto do rio e quasi no sopé de collinas identicas, mas menos elevadas, assenta Colenso.

Desde 5 de dezembro de 1898 que os boers tinham deixado as alturas de Estcourt, para occuparem aquellas posições, depois de terem destruido a ponte da linha ferrea.

Povo de trabalhadores não se poupou a esforços, pois que os boers coroaram habilmente as cristas das collinas com alguns reductos e extensos entrincheiramentos for-- mando tres andares, e n'elles se estabeleceram.

Sir R. Buller a 13 e 14 poz-se em marcha de Chiveley para Colenso.

N'esses mesmos dias manda bombardear todas as alturas visiveis com 8 canhões de marinha, mas o estrondo da sua artilheria, echoando pelo reconcavo dos valles, era correspondido por um silencio sepulchral.

Nada se via e ouvia que podesse revelar a posição inimiga; os boers occultaram-se nos seus entrincheiramentos e não responderam.

Comtudo, as informações colhidas pelos inglezes diziam muito vagamente as posições que aquelles occupavam e sir Buller dá as suas ordens suppondo que os boers tinham tomado posições mais ao norte.

O fim de sir R. Buller era passar o Tugela á viva força, fosse á esquerda de Colenso, no Bridle Drift, fosse á direita, fosse mesmo em Colenso.

Para isso Buller ordenou que a 5.ª brigada, sob o commando de Hart, se pozesse em marcha ás 4 horas e 3o' da manhã do dia 15 e que forçasse a passagem no Bridle Drift; que a 2.ª brigada, Hildyard, se pozesse em marcha ás 4 horas na direcção do Tugela para o passar na ponte do caminho de ferro, junto a Colenso; que a 4.ª brigada, Littelton, se pozesse em marcha ás 4 horas e 3o' seguindo entre a linha ferrea e o Bridle Drift a fim de poder apoiar a 5.ª ou a 2.ª brigadas, formando a reserva; que e a 6.ª brigada, Barton, se pozesse em marcha ás 4 horas seguindo na direcção de Hlanguwane Hill, a fim de poder apoiar o flanco direito da 2.ª brigada.

A artilheria occupou as posições indicadas no mappa que juntamos, ficando o 2.º gruppo sob as ordens de Hart.

O primeiro grupo, o da direita, tinha por missão tomar posição a oeste da linha ferrea, avançando para um ponto d'onde podesse preparar a passagem á 2.ª brigada.

A 15 de dezembro de manhã as brigadas ganharam as posições indicadas. A's 4 horas e 45' as peças de marinha abriram o fogo sobre o forte Wylie, mas os boers não responderam. A's 6 horas da manhã o mesmo silencio reinava ainda e a existencia dos boers sobre as alturas oppostas era ainda um mysterio para os inglezes, porque as fortificações, tão habilmente mascaradas, não lhes denunciavam a posição.

Cêrca das 6 horas as baterias do primeiro grupo, sob as ordens do coronel Long, a 14.ª e a 66.ª, tomaram posição a 700 metros do Tugela e a 1:100 metros do Forte Wylie, avançando para a frente da infantaria mais de 1:600 metros, imprudencia e erro que lhe custou caro.

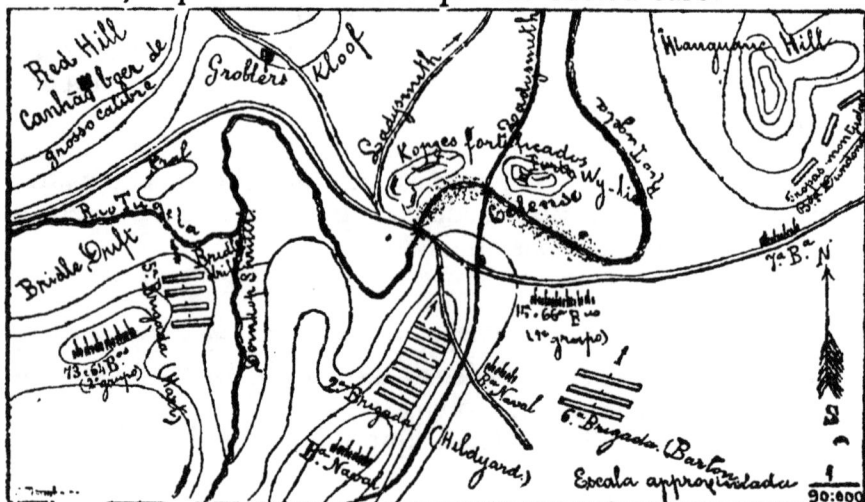

Mas collocadas estas duas baterias em posição, eis um tiro de peça que sahe das alturas oppostas como uma voz rouca e mysteriosa que fere os ares e faz pulsar os corações.

O que é? Misterio? Não, é a realidade bem positiva, é a vontade resoluta dos boers proclamada bem grave e altisonante pela bocca d'uma peça de grosso calibre.

Este som grave e rouco é seguido immediatamente por outros ainda mais graves e magestosos e por um crepitar frenetico e incessante que se estendia pelas alturas das collinas oppostas, como se todas ellas bramissem indignadas.

Apezar do fogo concentrado e justo que era feito sobre estas baterias, romperam o seu fogo, não contra os boers do commando de Ermelo que tinham tomado posição junto á margem esquerda do Tugela, occupando o primeiro andar de fortificações, e que, portanto, as fuzilavam com o seu tiro feito a 700 metros, mas contra o Forte Wylie.

A's 6 horas e um quarto o coronel Long foi ferido e

dentro de pouco tempo algumas peças já não podiam fazer fogo por não terem pessoal. O capitão Herber quiz ir á retaguarda pedir reforços, mas não o conseguiu porque lhe mataram dois cavallos.

Perante a intensidade do fogo e a impotencia d'estas duas baterias isoladas, deu-se ordem ao pouco pessoal que restava para se abrigar n'um grande fosso que havia á retaguarda, mas para salvar a vida era necessario retirar, o que foi feito tão precipitadamente que nem tiraram ao menos as culatras das peças. Assim ficaram estas duas baterias, 10 peças, completamente abandonadas.

A bateria naval, collocada cêrca de 400^m á retaguarda d'estas peças já abandonadas, abriu tambem o seu fogo contra o forte Wylie, que passada meia hora estava completamente envolto em espessas nuvens de poeira levantadas pelas granadas inglezas, chegando mesmo a parecer que toda a colina estava em fogo.

Os boers que defendiam este forte retiraram dentro em pouco e as duas peças de pequeno calibre foram reduzidas ao silencio.

Uma das ultimas granadas carregada com lyddite que os inglezes lhe lançaram fez ir pelos ares o pouco que restava do forte já desmantellado.

m uanto na direita eram postas fóra de combate aquellas duas baterias, na esquerda, a 5.ª brigada estava já perto do Tugela ainda formada em columnas de batalhões.

A columna da frente era formada pelos *Dublin Fusiliers*. Apenas as companhias d'este batalhão tinham tomado a ordem extensa, abrem os boers, dos altos do Red Hill e Glober's Kloof, um intenso e certeiro fogo de granadas com balas contra os inglezes, que reforçado pelo fogo da infanteria causou grandes perdas nos batalhões ainda em columna.

Se causa admiração que se commetta o erro de lançar para a frente duas baterias isoladas, sem apoio, sem nada que as protegesse, não é menos digno de censura o facto de ver uma brigada marchando em columna cerrada dentro da zona efficaz dos fogos, não só da artilheria, como tambem da infanteria.

Depois d'esta dura lição todos os batalhões tomaram a ordem extensa.

Com immensas difficuldades conseguiu esta brigada chegar perto da margem do Tugela, depois de ter atravessado um terreno completamente batido pelos projecteis boers, porque a cada momento que as companhias se levantavam do solo para executar um avanço, o fogo dos boers era de tal maneira intenso que, diz o correspondente do *Times,* as balas batendo no terreno formavam densas nuvens de poeira, e que só por milagre, accrescenta o mesmo correspondente, se póde admittir que tivesse escapado um homem sequer.

Os inglezes não conheciam, comtudo, a posição dos boers, e só os effeitos do fogo, revelando-lhes a existencia do inimigo, lhe indicava a posição provavel, que eram as encostas de Red Hill e Grobler's Kloof, sobre as quaes os inglezes lançavam os seus projectis sem direcção determinada, pois que nada indicava a posição dos boers, nem uma cabeça, nem uma arma, nem o fumo, só o crepitar incessante da fuzilaria é que predominava perante aquelle mysterio.

Apezar de perdas consideraveis os inglezes conseguiram ainda chegar ás margens do Tugela, mas ahi, achando-se debaixo da acção dos fogos cruzados que lhe eram dirigidos do Red Hill e Grobler's Kloof sobre a sua frente e o seu flanco direito, tentaram como supremo esforço, passar o rio, mas já não o conseguiram. N'esta altura chega ordem de Buller para retirar, mas a primeira companhia que se levanta lança sobre si a acção do fogo inimigo, que quasi a aniquilla por completo.

Foi na retirada que esta brigada maior numero de baixas soffreu, d'onde se conclue que infanteria que retira é infanteria perdida.

Metade da 4.ª brigada, Littelton, veio em seu apoio, mas tendo de atravessar uma extensão de 5oo^m debaixo do fogo dos boers, incluindo o da peça de grosso calibre collocada na Red Hill, pouco auxilio prestou.

As duas baterias do 2.º grupo, 73.ª e 64.ª, não prestaram serviço algum, pois que não conseguiram ao menos reduzir ao silencio a peça de grosso calibre.

Emquanto na esquerda esta infeliz brigada Hart, era quasi dizimada totalmente, no centro, cerca das 6 h. e $\frac{1}{2}$ da manhã a 2.ª brigada, Hildyard, apoiada pela 6.ª, Barton, lança-se para a frente tambem em ordem unida, dizendo o correspondente já citado que os *Devonshire* avançaram como nas paradas de Aldesrhot, mas esta galhardia, logo que se approximaram de Colenso, foi lançada por terra, porque ahi rompe um fogo intenso dos boers collocados na margem norte do Tugela. Os inglezes, encontrando excellentes abrigos naturaes, occultando-se portanto das vistas dos boers, conseguiram manter-se até perto do meio dia n'essa posição e desalojar os boers que estavam mesmo junto á margem norte do rio, trepando a encosta até occuparem a segunda linha de fortificações.

Foi esta a primeira vez que os inglezes viram o inimigo, mas tomada esta segunda linha de fortificações a vantagem tornou a ser dos boers, e como estas duas brigadas não tinham artilheria que as apoiasse, pois que á bateria naval apenas fez fogo contra o forte Wylie, não se puderam sustentar n'estas posições.

Ao meio dia Buller, que tinha já sido ferido pelo estilhaço d'uma granada, deu ordem para uma retirada geral, o que foi feito em boa ordem.

m uanto os inglezes retiravam os boers desciam para as posições á beira do Tugela, que já tinham abandonado, mas não passando d'ahi, não perseguindo o inimigo.

Na extrema direita a brigada montada, Dundonald, atacava Hlanguwane Hill, depois de a ter contornado por éste e ter dado ordem para toda ella se apear.

A 7,ª bateria a cavallo apoiava esta brigada.

No momento em que avançava atravez d'um valle estreito, um destacamento de boers montados, descendo das alturas de Hlanguwane, ameaça Dundonnald pelo flanco, que os inglezes obrigam a retirar. Os boers aqui aproveitaram tão bem o terreno que um esquadrão dos *Imperial Light Horse* cahia-lhes na mão se a 5oo^m o não fuzilassem com o seu fogo certeiro.

Esta brigada recebeu ordem de retirar, mas só o pude fazer passadas duas horas, porque o fogo boer era tão intenso que se tornava impossivel mesmo o retirar.

Ao meio dia retirava-se em toda a linha. A brigada Hart, immensamente dizimada, estava já formada á retaguarda d'uma ligeira colina. A brigada Hildyard retirava em boa ordem, porque os boers, emquanto mudaram de posição, assim o permittiram.

Á brigada Dundonald, retirava com difficuldades.

Os boers, ainda escondidos como toupeiras atraz dos seus abrigos, viam pacientemente esta debandada dos inglezes e jubilavam-se com a victoria, victoria que lhe foi ephemera.

Depois dos inglezes já distantes é que os boers deixaram os seus abrigos para vir á outra margem aprisionar um valoroso capitão que não tendo recebido ordem de retirar com a sua companhia se conservou abrigado pelo mato fazendo sempre fogo e procurando salvar as 10 peças, que sós e solitarias tinham ficado abandonadas.

Vejamos agora, depois da narração fria dos factos, onde está o valor que leva á heroicidade, que arrasta ao sacrificio, e que eleva só por si ás culminancias d'uma victoria que pode traçar o futuro d'um povo e perpetuar os destinos d'uma nação.

Negar o valor dos boers como combatentes peritos e conscienciosos seria um crime. Não o fazemos, antes pelo contrario, são dignos do maior elogio, elogio que os consagrará perante a historia, mas isto, que é muito, não é comtudo sufficiente qara corresponder ás exigencias da sciencia e aos impulsos do coração; da sciencia, porque esta não admitte a defensiva pura, e do coração porque um povo que lucta pela independencia não tem o direito, perante a sua consciencia, de se poupar a esforços, sacrificios, nem a martyrios de especie alguma, porque perante o abandono da patria, perante a deshonra da mulher, perante o desprezo pelo futuro dos filhos e a affronta do marido nada se deve poupar.

A vida d'um homem que defende a patria e que salva a familia não tem valor; o que se aprecia, o que é nobre, são os seus sacrificios, são os seus feitos, são as suas acções.

Perante estas necessidades, impostas pelo coração e exigidas pelo dever, não ha preceito religioso e humanitario que se imponha; ha só o culto da patria, a religião do patriotismo.

A defensiva e o emprego das fortificações são um meio necessario e indispensavel na guerra d'hoje para poupar vidas o mais possivel e para evitar perdas desnecessarias, mas chegada a occasião propicia não deve haver, perante um povo que vê a sua patria assolada pelo inimigo invasor, escrupulo algum em arrancar o corpo detraz da trincheira e atirar com elle para as pontas das bayonetas inimigas. O contrario terá valor, e talvez nem sempre seja cobardia, mas não envolve heroicidade. Isto perante o sentimento; perante a sciencia militar, victoria sem perseguição é victoria incompleta, como esta o foi.

BATALHA DE MODDER RIVER

Modder River é uma deliciosa villa atravessada pelo rio Riet, estando as margens que o limitam cobertas de frondosas e copadas arvores, cheias de verdura e pujancia. O Riet, sempre largo e em muitos sitios profundo, tem muitas ilhas cobertas de pequenas e brancas casas cercadas pela folhagem das arvores ou realçadas pelo verde da cultura viçosa.

Modder é atravessada pela colossal linha do Cabo a Bollowayo e é uma povoação amena pelo clima, bella pela paysagem e ponto forçado para os excentricos *touristes* inglezes, onde encontram todas as commodidades e excellentes hoteis.

A margem norte do Riet, em que assenta Modder, é formada por uma serie d'alturas, ou *copjes,* cujas encostas são bastante escarpadas e formando valles estreitos. A margem sul, de declive mais suave, é perfeitamente dominada n'uma grande extensão pelas alturas que limitam a margem norte.

A linha ferrea, atravessando de sul a norte estas duas margens, fica tambem perfeitamente dominada e enfiada por todos os pontos da mesma margem.

Os republicanos, sendo acoçados de Belmont pelas bayonetas da infanteria e de Graspan pela impetuosidade dos marinheiros inglezes, vieram occupar a ridente Modder, onde se estabeleceram n'uma defensiva solidamente organisada, que, tendo o centro na ponte do caminho de ferro, se estendia a 2 kilometros para occidente e a 3 kilometros para oriente, ficando com a ala direita apoiada mesmo em Modder e com a esquerda n'uma *farm* cercada de solidos entrincheiramentos.

Os boers construiram a sua principal posição defensiva na margem norte e construiram, além d'isso, uma outra linha avançada de fortificações na margem sul, que foram, uma e outra, revestidas com saccos d'areia e chapas de zinco resistentes aos tiros de infanteria. A maior parte dos entrincheiramentos estavam guarnecidos com defensas de rêde de arame.

Não fizeram os boers consistir n'isto sómente a sua defeza; foram mais longe.

Os melhores atiradores não se contentaram em occupar os entrincheiramentos, utilisaram as casas, que foram organisadas tambem defensivamente, ou subiram ás arvores de copa mais frondosa e espessa, que os podessem occultar das vistas dos inglezes, com o que tiraram excellente partido. Para coroar a obra completa da sua defeza collocaram até 700 metros grandes pedras brancas que lhe indicavam a distancia precisa.

A estrada de Jacobsdal constituia a linha de retirada.

A artilheria, toda protegida por abrigos excellentemente mascarados, occupava as posições que vão indicadas no *crocquis* que juntamos, sendo 5 peças ao centro, 2 na ala direita e 3 na esquerda, sendo uma d'estas Maxim.

A ala direita era guarnecida por orangistas, a esquerda por transwaalianos.

Devido ás fortificações e á folhagem das arvores os boers

estavam de tal maneira abrigados que se tornavam perfeita,
mente invisiveis, a ponto de ninguem poder suppôr que ali,
nas apraziveis margens do Riet, se podessem occultar 10:000
homens promptos a abater os orgulhos da Inglaterra.

Methuen não o suppunha, foi um dos illudidos. Esperava mesmo ás 8 horas dar em Modder um descanço á
sua divisão e distribuir o primeiro rancho, pois que, julgando a tarefa tão facil, nem sequer os viveres frios tinha
mandado distribuir.

Já tinha tambem encarregado um official do seu estado
maior de ir a Modder escolher hotel, onde, commodamente,
podesse estabelecer o seu quartel general.

Illusões que a imprevidencia tantas vezes depara na
vida; desenganos que, para o futuro, são sempre proveitosas lições.

Lord Methuen, depois do combate de Graspan, mandou fazer varios reconhecimentos, mas as poucas informações colhidas nem ao menos eram verdadeiras; diziam que
os boers se concentravam em Spytfontein. Methuen não o
julgando crivel, acompanhado de alguns officiaes, avançou
em pessoa até umas centenas de metros de Modder River,
não conseguindo tambem suspeitar sequer da existencia
dos boers.

Perante isto, resolve Methuen passar o Riet na manhã
do dia seguinte, 28 de novembro de 1899, para seguir a
sua marcha em frente.

A's 4 horas da manhã a columna põe-se em marcha,
formando os dois batalhões dos *Yorkshires* a guarda avançada.

O effectivo da divisão de Methuen, com os reforços
que recebeu n'esse dia, é calculado em 9:000 homens com
22 peças, sendo 4 de marinha.

As patrulhas inglezas, formadas por cavallaria e infanteria montada, quando já perto de Modder, são recebidas
pelo fogo d'um grupo de boers que se tinha estabelecido
bastante a oriente, afim de que a attenção ingleza não se
voltasse para o centro da sua posição real.

Comtudo não foi difficil a Methuen comprehender logo
a verdade. Conhecendo já por experiencia propria a ineficacia dos combates de frente contra tropas abrigadas e
municiadas com polvora sem fumo, quiz tentar um movimento estrategico que lhe permitisse atacar os boers pelo
flanco esquerdo, mas o Riet e o Modder foram obstaculo

bastante para pôr essa idéa de parte e lançar-se mais uma vez a atacar de frente.

A's 5ʰ e 3o′, a 18.ª bateria, collocada a 4:000 metros, abriu o seu fogo contra a ala esquerda boer.

A artilheria boer respondeu logo com tiro certeiro. Estava principiado o duello da artilheria.

Pouco depois a 72.ª bateria occupa a posição indicada no *crocquis* e mais tarde as peças de marinha entram tambem em acção.

Os lanceiros e a infanteria montada serviam de apoio á artilheria ingleza.

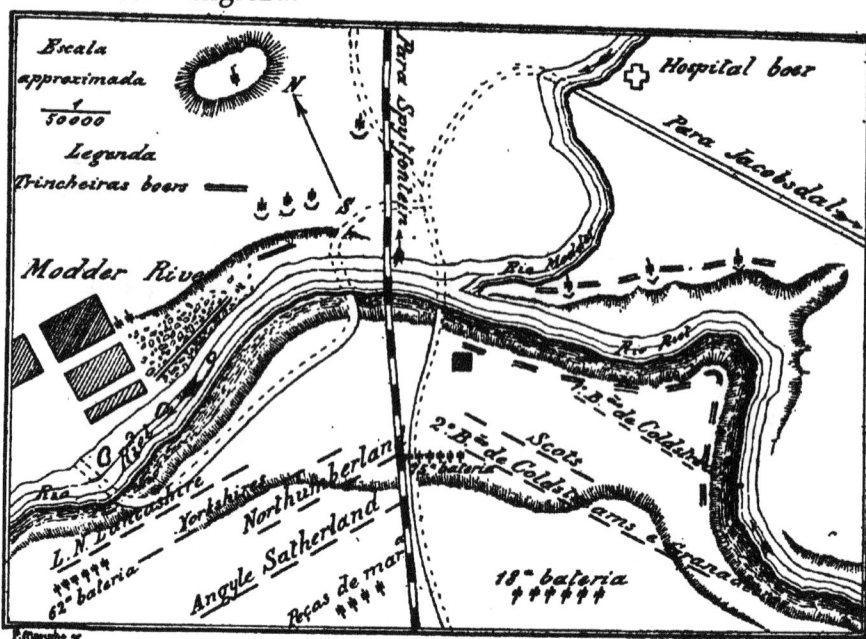

Os alliados ainda não se tinham revelado. Os inglezes, suppondo que os tiros dos boers sahiam das casas de Modder, lançaram sobre ella as suas granadas, que levaram para muitas o incendio devorador e para outras a destruição completa.

Durante duas horas, nas amenas margens do Riet, presenciava-se sómente o triste e lugubre clarão do incendio que devorava Modder, realçado pelo ribombar da artilheria que echoava pelos valles e se perdia pelos *copjes* distantes, pois que foi o tempo que as duas artilherias se mantiveram em lucta.

Lord Methuen, vendo a ineficacia do fogo da sua artilheria, manda avançar as duas brigadas de infanteria. A brigada da guarda, sob o commando de Colvile, mais tarde uma triste victima da intriga ingleza, recebeu ordem de tomar posição á direita da linha ferrea e ser a primeira a atacar afim de executar o ataque demonstrativo.

Os *Scots Guards,* na extrema direita, tinham por missão atacar a extrema ala esquerda boer; o 1.º batalhão dos Coldstreams e os granadeiros atacar de frente a ala esquerda; o 2.º batalhão dos Coldstreams collocado como reserva da brigada.

A 9.ª brigada, sob o commando de Pole Carew, recebeu ordem de tomar posição á esquerda da linha ferrea e atacar a ala direita boer.

Esta brigada avançou pela ordem seguinte; o 1.º batalhão dos *Northumberlands* pelo lado éste do caminho de ferro, sustentado por meio batalhão dos *Argyll*, que poucas horas antes tinham reforçado esta brigada; os *Yorkshires* pelo lado oeste da linha ferrea, sustentados por outro meio batalhão dos *Argyll;* um batalhão dos *Lancashires*, avançou mais por oeste. Os primeiros tinham por missão atacar de frente, este batalhão tinha por missão passar o Riet a sul de Modder e atacar a extrema ala direita boer.

A guarda do comboio e reserva da divisão era formada por seis companhias dos *Northamptonshires.*

Dadas estas ordens a infanteria avança, marchando com facilidade até 700 metros da margem sul do Riet, soffrendo apenas alguns tiros pouco efficazes da artilheria boer. Os alliados, sempre occultos e sem fazerem fogo, viram silenciosamente a approximação da infanteria ingleza, mas ás 8 horas da manhã, hora a que chegou á distancia de 700 metros, rompeu um fogo tão intenso e certeiro, tão diabolico e verdadeiramente infernal, que foi como uma gigante fouce de morte movida possantemente do lado dos alliados que cortou a vida á metade dos effectivos d'algumas companhias inglezas.

Mas o espanto e o terror d'estes não foi só causado pela morte dos companheiros queridos, que ao lado lançavam o ultimo suspiro, foi tambem o effeito da surpreza inesperada e o mysterio em que se achavam envolvidos, pois que sentiam as balas mas não viam o inimigo que lh'as mandava, nem sabiam sequer ao certo qual a posição que occupavam.

O espanto, a admiração, a surpreza, a emoção e talvez

o medo, fizeram com que toda a linha, da direita á esquerda, se lançasse por terra á procura d'um abrigo, prescrutando, como fera felina, ou ave de rapina, o terreno em frente e a margem opposta á procura d'um indicio. Momento cruel este em que se sente a morte e se não pode vingar a vida!

Do *Daily Chronicle* transcrevemos o seguinte: «...Os nossos soldados, apezar d'esta chuva de projecteis, faziam fogo conforme podiam, mas cahiam ás duzias.»

«Como o terreno náó offerecia abrigos, deu-se ordem aos soldados de se lançarem por terra e, durante tres horas, o chumbo abatia-se sem interrupção sobre elles. Eu nunca vi um fogo táo terrivel como aquelle a que os batalhões inglezes estiveram submettidos. Todo o homem que se levantasse era logo ferido.»

Os *Scots* depois d'esta licção tentaram dar um lanço, mas percorridos uns metros tiveram de novo que se lançar por terra e, como ahi não havia tambem abrigos, accrescenta o correspondente do *Times*, «ficámos n'esta posição durante algumas horas, *cada um dos nossos soldados cavava no sitio em que se encontrava uma cova com a propria bayoneta.*»

Outro tanto succedeu aos outros batalhócs e dentro de pouco tempo, diz o mesmo correspondente, a planicie estava juncada de mortos.

Lançados por terra tentaram, como esforço supremo, dar alguns lanços, mas foi impossivel.

Comtudo a ala direita, formada pela brigada da Guarda, Colville, tentou ainda passar o Riet, mas esse esforço, motivado pela bravura e audacia dos officiaes inglezes, serviu sómente para augmentar o luto de muitas familias de Inglaterra.

Não podendo avançar, nem retirar sequer, permaneceu esta brigada na mesma posição durante todo o dia, supportando não só o effeito mortifero das balas que lhe eram mandadas por um inimigo que não se via, mas tambem as inclemencias d'um sol desapiedado, d'uma sede ardente e d'uma fome devoradora.

As pipas d'agua e carros de viveres não se puderam nunca approximar da linha de combate. O fogo era táo intenso que nem sequer foi possivel municiar o batalháo dos *Coldstreams*, que chegou a ficar sem munições, nem mesmo foi possivel transmittir ordem alguma, o que o proprio Methuen confessa no seu relatorio, e o que aliás é facil de comprehender, pois que se nem os soldados, na linha de fogo, se podem levantar para avançar como se poderá percorrer uma grande extensão para transmittir uma ordem?

Devido á intensidade do fogo os maqueiros tambem não preencheram o seu fim.

Mas deixemos a brigada da Guarda preza ao terreno como se uma força magnetica a impedisse de se levantar, e vejamos o que se passou na esquerda.

A 9.ª brigada, Pole-Carew, que entrou em fogo depois da brigada da Guarda, conseguiu avançar por escalões até uma distancia um pouco a éste da extrema direita boer, e proximamente a 600 metros da margem sul do Riet, mas um *commando* boer que occupava uma *farm* e um *Kraal* na margem sul do Riet (que não se vêem no *crocquis)* rompe o seu fogo e obriga a lançar por terra o batalhão dos *Lancashires.*

Pouco depois rompe o fogo de toda a ala direita boer e os batalhões da 9.ª brigada, ficaram, como os da brigada da Guarda, lançados por terra durante muitas horas, não vendo o inimigo e atirando ao acaso.

Todas as vezes que procuravam levantar-se redobrava a intensidade do tiro boer e elles então imitavam os seus companheiros da ala direita.

Não obstante, depois de heroicos esforços e perdas consideraveis, duas companhias dos *Yorkshires* conseguiram tomar a *farm* e o *Kraal.*

O fogo acalma e cerca do meio dia os *Lancashires* conseguem tomar uns *copjes* na extrema ala direita boer.

A's tres horas, um comboio blindado traz o reforço dos *Munsters*, acompanhados da 62.ª bateria, que toma posição immediatamente e rompe logo o seu fogo.

Até ás 4 horas conservam-se todos nas mesmas posições, ora redobrando o fogo, ora diminuindo de intensidade, mas n'esta altura a intensidade do fogo boer diminue d'uma maneira sensivel. Pole-Carew aproveita a opportunidade e manda atravessar o Riet por uma grande parte das suas forças. Os *Yorkshires*, depois de vencerem mesmo assim difficuldades inauditas, quer causadas pelo fogo, quer pelas redes d'arame, conseguem tomar posição na margem norte, onde, auxiliados por um destacamento de engenheria, conseguem fortificar-se solidamente.

A's 7 horas da noite, quando as trevas envolviam já com o seu escuro manto o theatro da lucta, toda a ala esquerda estava na margem norte e tinham tomado a posição que tinha sido defendida pelos orangistas.

No entretanto, a ala direita ingleza, mesmo ao cahir da noite e depois de 11 horas debaixo de fogo, ainda estava nas mesmas posições e ainda não tinha conseguido levantar-se, occupando os soldados o abrigo protector que tinham encontrado, ou permanecendo nas covas que tinham aberto com as suas proprias bayonetas.

A emoção do combate, o calor, a sede e a fome e, n'uma palavra, o cansaço era tão grande que, diz o correspondente do *Times*:

«A fadiga nas nossas tropas era tal que, muitas vezes, soldados e mesmo officiaes se adormeciam logo que se deitavam na retaguarda d'um abrigo sem se importarem com as granadas e balas que zumbiam por cima d'elles.»

O fogo da ala esquerda boer, commandada por Cronje, não diminuiu nunca de intensidade e, como não deram o mais pequeno signal de fraqueza, os inglezes não se poderam levantar, nem mesmo para retirar.

O procedimento dos orangistas da ala direita foi bem diverso do dos seus alliados transwalianos. Um *commando* formado por orangistas, que além de não-terem espirito nem educação militar era a primeira vez que entravam em fogo, cêrca das quatro horas desobedecem aos chefes e abandonam a posição.

Este exemplo de indisciplina e de falta de heroismo é presenciado por outros *commandos*, que perdem a força moral a tal ponto que dentro em pouco e successivamente o começam a imitar.

O fogo da ala direita boer diminue e Pole-Carew aproveita com toda a opportunidade occasião tão favoravel, que lhe deu a victoria.

Cronje, hoje o prisioneiro de Santa-Helena e o successor de Napoleão, sabendo ás 7 horas o que tinha occorrido na ala direita e temendo um ataque de noite, dá a ordem de retirada, que foi feita tão precipitadamente que até a artilheria deixaram nas posições.

Assim terminou, victoriosamente para os inglezes, este combate a que o proprio Methuen chamou no seu relatorio «um dos mais duros e dos mais terriveis a registar nos annaes do exercito inglez.»

BATALHA DE MAGERSFONTEIN

A batalha de Magersfontein é uma victoria registada nos annaes da historia do Transwaal, mas victoria incompleta, victoria de poucos fructos, porque os boers, obedecendo sempre aos seus sentimentos, ou sendo victimas dos defeitos da sua organisação militar, ou não se sentindo com forças, animo, audacia e coragem para completar a obra triumphante do seu tiro preciso com uma perseguição tenaz, viva, energica, *á outrance*, deixaram que os inglezes tomassem alento e seguissem a sua marcha invasora.

Na guerra a tibieza, a hesitação, é a morte certa; povo que se arremeça á lucta não tem o direito de se poupar.

Se em Colenso foram astutos, aqui, em Magersfontein, foram sabios na defensiva que organisaram. Mas a àstucia e a sciencia não bastam; na guerra é necessario mais alguma coisa, que se exprime dizendo, empregando o maximo laconismo, que é necessario proceder sempre conforme as circumstancias.

Não foi isso o que fizeram os boers, como vamos ver.

Depois da batalha de Modder River os boers retiraram para os *copjes* que circundam Magersfontein, formando no seu conjuncto um crescente de pontas voltadas para o sul.

Os boers, cujo effectivo é calculado em 7 ou 8:000 homens commandados por Cronje, mais tarde o celebre prisioneiro de Santa Helena, occuparam principalmente a ponta oriental do crescente, tendo como posição principal o *copje* de Magersfontein.

Nas encostas que olham ao sul, voltadas portanto para Modder River, posição que os inglezes occupavam, construiram os boers dois andares de fortificações que reforçaram com 4 peças d'artilheria; um no sopé, que sendo guarnecido com redes de arame, foi destinado a ser occupado por defensores armados com a *Martini* empregando a polvora negra, por consequencia com fumo, afim de atrahir sobre si a infanteria e o fogo da artilheria; o outro na *crista militar*, que corôando os *copjes* permittia bater todo o valle adjacente e collocando n'elle defensores armados com a *Mauser*, que, empregando a polvora sem fumo permittia illudir a artilheria e esmagar do alto dos *copjes* com o seu tiro invisivel a infanteria atacante.

E' realmente um plano de defeza bem concebido e é uma inovação tactica introduzida ou permittida pela polvora sem fumo, conjugada com a polvora negra.

———————

Depois da batalha de Modder River, a 28 de novembro, *lord* Methuen concedeu dez dias de descanço á sua divisão, não só porque era preciso, mas tambem porque era necessario construir outra ponte de caminho de ferro, para ligar a linha, e outra de barcos, que ambas se vêem no *crocquis* que juntamos, a fim de ter segura a retirada, assim como para receber viveres, reforços e material, destacando-se uma peça de grande calibre do couraçado *Doria*, que passou á posteridade com o baptismo de *Joe Chamberlain*, tirada por 30 bois.

A 9 de dezembro inicia-se a marcha d'avanço e manda Methuen bombardear Magersfontein com esta peça collocada a 6 kilometros de distancia, lançando 16 granadas, 10 das quaes carregadas com lyddite.

Os boers seguiram o processo de Colenso; o silencio foi a sua resposta, o que desorientou Methuen.

Como não se conhecia bem a posição dos boers e não havia informação alguma, mandou, a 10, *lord* Methuen pelas 2 horas da tarde, proceder a um reconhecimento offensivo, empregando para isso, a brigada dos *Highlanders* com 5 baterias d'artilheria, precedida dos Lanceiros com 2 peças das baterias a cavallo. A peça de marinha permaneceu na mesma posição. Apenas os inglezes tinham percorrido 3 kilometros rompe de novo esta peça o seu fogo sobre os *copjes* de Magersfontein.

N'esta altura a cavallaria era recebida pelo fogo dos boers e as baterias collocam-se rapidamente em posição a 2:500 de Magersfontein. A's 4 horas da tarde todas as baterias estavam fazendo fogo, que durou 2 horas, e ao qual os boers não responderam.

Sobre este assumpto diz o correspondente do *Morning Post,* «como fogo d'artificio, o bombardeamento era perfeito, principalmente quando se approximou a noute, as salvas da bateria que empregava a lyddite produziram uma série de erupções vulcanicas dignas do Etna e do Stromboli; mas debaixo do ponto de vista de combate, não offereceram interesse, pois que o inimigo não respondeu».

Este procedimento levou aos inglezes a convicção de que os boers tinham abandonado aquellas posições. Esta convicção foi tal que Methuen deu ordem para as baterias, os Lanceiros e os *Highlanders* pernoitarem nas posições que tinham alcançado.

———————

A jornada de 11 constitue a verdadeira batalha de Magersfontein.

O general Methuen depois do magestoso discurso da sua artilheria não acreditou que os boers o podessem ouvir em silencio, e, zombando da sua astucia, resolveu apoderar-se dos *copjes* durante a noite. A's 9 horas começou a chover, o que succedeu durante o resto da noute.

A's 2 horas da manhã da madrugada do dia 11 por uma escuridão que nada permittia ver, poz-se em marcha a brigada dos *Highlanders,* 4 batalhões, formada em *quarter column* (columna por companhias em linha desenvolvida á distancia de 6 passos).

O silencio era profundo e a marcha, apezar das difficuldades do terreno, fazia-se com regularidade.

A 500 metros das trincheiras boers as redes de arame impedem o passo aos inglezes. Cortam-se e com o mesmo silencio e debaixo da mesma triste e soturna escuridão continua a marcha por alguns minutos, indo sempre á frente o seu commandante, general Wouchope.

N'isto, um vivo clarão, que fere a vista, e um estampido agudo, rapido e penetrante que fere o ouvido como se fosse um raio que sahisse das entranhas da terra, quebra essa solidão.

A pequena distancia, bem perto, são tantos os clarões que se seguem e illuminam, tantos os raios que faiscam, tantos os estampidos que crepitam n'uma vasta extensão e

tantas as balas que n'um virar d'olhos enviam tantos inglezes para a eternidade, que parece mais um fogo do in-
ferno do que um combate dos homens.

Os inglezes foram surprehendidos.

O primeiro tiro dado a seu lado por um boer que
acompanhou os inglezes, foi o signal d'alarme.

Os boers occultos nas suas trincheiras fuzilaram a 200
passos esta infeliz brigada.

O general Wouchope foi das primeiras victimas; apenas teve tempo de ordenar á brigada que se desenvolvesse
e se lançasse por terra e cahir moribundo atravessado por
tres balas e dizer—*Don't blame me, lads* (não me culpeis
rapazes).

O assombro succede á surpreza, as linhas desfazem-se,
os soldados misturam-se, ninguem se intende, nada se per-
cebe, pouco se vê, só se sente a morte pela bala que fere
ou pelo corpo exangue que se piza, e a fuga, a retirada
doida, desordenada, succede ao espanto, ao medo.

Foi o que fez esta infeliz brigada, e nem outra cousa
podia fazer perante surpreza tão perfeita e ataque tão im-
petuoso e vivo.

Alguns inglezes armaram bayoneta, mas aquellas que não
foram quebradas pelas balas só serviram para ferir os camaradas pelas costas na retirada tão precipitada como desordenada.

Só n'esta surpreza perdeu esta brigada um quinto do
seu effectivo.

Os correspondentes inglezes são concordes em declarar que era desconhecida totalmente a existencia dos boers
n'esse ponto, que não era mais do que o primeiro andar
dos entrincheiramentos boers.

Nada justifica, nem mesmo esta declaração, tal marcha
de noute executada em columna de companhias.

E' um exemplo frisante que muito illucida, apezar de
ser bem sabida a maneira de effectuar um combate de
noute. Quando depois entrarmos nas conclusões tacticas
faremos as considerações que ao nosso espirito se apre-
sentam.

*

Logo que os primeiros alvores fizeram dessipar a escuridão da noute empregaram os officiaes inglezes os maxi-
mos esforços para reconstituir a brigada dispersa, o que
conseguiram em parte.

A artilheria toma as posições indicadas no *crocquis* que juntamos; isto é, á direita duas baterias a cavallo, a 1200 metros da posição boer; ao centro a 8.ª, 68.ª e 75.ª baterias de campanha, a 1:500 metros; á esquerda e retaguarda, a 3:500 metros, a bateria de granadas carregadas com lyddite e ainda mais á retaguarda e esquerda, a 6 kilometros, a *Joe Chamberlain*.

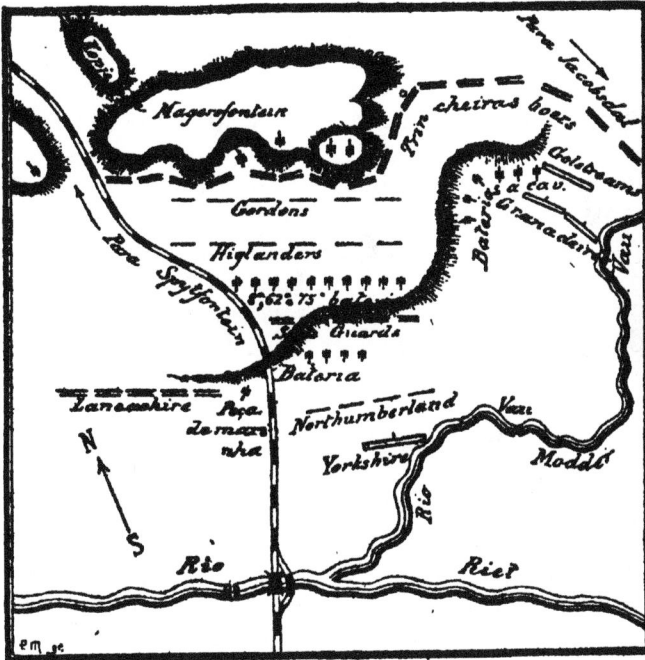

Toda esta artilheria era apoiada pela infanteria; as baterias de campanha pelos *Scots Guards*; a peça de marinha pelos *Lancashires,* na extrema esquerda; a bateria com granadas de lyddite pelos fusileiros de *Northumberland;* e as baterias a cavallo pela cavalleria e infanteria montada.

Assim tinha o general Methuen a sua divisão occupando uma extensão de 6 kilometros de frente.

A artilheria collocada em posição rompe logo o seu fogo contra os *copjes* que lhe ficavam na frente. As granadas de lyddite, no momento de rebentar, levantavam, diz o correspondente do *Times,* nuvens de poeira que se elevavam para o céu como se fossem cogumelos monumentaes que se mantinham em suspensão durante 10 a 15 minutos.

Estava principiada a preparação de combate.

A artilheria boer não responde, só o crepitar das *mausers* e o effeito do seu fogo revelavam aos inglezes a existencia do inimigo.

Como o fogo da artilheria não conseguiu durante 3 horas nem desalojar os boers nem diminuir e efficacia do seu fogo, era necessatio lançar para a frente a infanteria, custasse o que custasse.

A parte da brigada dos *Highlanders* que os officiaes poderam reconstituir manteve-se na frente, mas dizimada e desmoralisada como ficou era urgente reforçal-a ou substituil-a.

Foi a missão que coube aos *Gordons*, que conseguiram tomar posição na frente dos *Highlanders,* avançando em ordem dispersa, e onde permaneceram durante todo o dia.

Ao mesmo tempo os 2 batalhões dos *Goldstreams* reforçaram a ala direita, e mais tarde 1 batalhão dos granadeiros da guarda foi preencher um intervallo entre estes e os *Yorkshires.*

Lord Methuen reforçou principalmente a ala direita porque os boers tentaram dar um ataque de flanco, que foi mal succedido.

Depois dos *Gordons* terem tomado posição á frente dos *Highlanders* e depois da ala direita ter repellido o ataque de flanco dado pelos boers, deu Methuen ordem para que as baterias tomassem posição mais á frente, o que se pôde fazer porque a infanteria estava mais avançada, deitada por terra, proximamente a 1:000 metros das trincheiras boers.

Era proximamente meio dia quando a artilheria, deixando de salvar por cima da infanteria que estava na sua frente, veiu occupar a mesma posição.

O fogo continuava de parte a parte.

A infanteria ingleza precisava preencher o seu papel; era necessario avançar para desalojar o inimigo. Com este intuito fizeram-se esforços em toda a linha, mas todos elles foram infructiferos, foram impotentes perante a intensidade do fogo boer. Inglez que se levantasse era inglez morto. Devido a esta imperiosa realidade não se conseguiu dar mais um *lanço* nem avançar mais um passo durante todo o dia.

O ataque perdia de interesse e até o fogo diminuira de intensidade.

Assim se conservaram todos até ás duas horas da tarde, não fazendo fogo porque não se via o inimigo e não avançando porque o tental-o seria o bastante para mostrar o corpo e attrahir sobre si o fogo adverso.

A.s duas horas o theatro da batalha muda de aspecto e os louros da victoria inclinam-se para os boers.

O resto da desmoralisada e enfraquecida brigada dos *Highlanders*, que os officiaes inglezes tinham reunido, veio, depois de rendida pelos *Gordons*, collocar-se á frente das baterias de campanha, constituindo o seu verdadeiro apoio, mas ás 2 horas, tendo os boers redobrado a intensidade do seu fogo, lança-se toda ella n'um fuga doida, desordenada, fugindo cada um para sua direcção a ponto de parecer, diz o correspondente do *Morning Post,* um gado tresmalhado ou um enxame de abelhas, e que foi o espectaculo mais triste a que pode assistir um soldado inglez.

As baterias de campanha ficaram por consequencia sós e abandonadas no meio da planice, valendo-lhe, diz o mesmo correspondente, o elles terem augmentado a velocidade do seu tiro, ou os *Gordons* que se conservaram firmes nas posições que tinham conquistado, ou a pouca tendencia para a offensiva da parte dos boers, ou, finalmente, a Divina Providencia.

Este triste espectaculo, sendo presenciado por toda a linha, abalou immenso a força moral, já tão quebrada e abatida.

Comtudo, os inglezes ainda se conservaram nas posicões que tinham ganho, mas ás 5 horas, abrindo fogo a artilheria boer, estava dado o golpe de misericordia.

Os *Highlanders* que se tinham reunido fugiram então até ás ambulancias.

A artilheria ingleza redobra o seu tiro, e embora contrabatesse com toda a intensidade as 4 peças boer não consegue reduzil-as ao silencio.

Quando a noute, com as suas densas trevas, se approximava, a bateria com granadas de lyddite, como supremo esforço, começa a fazer fogo por salvas, que apenas faziam, diz o mesmo correspondente, tremer a terra.

A victoria era dos boers.

O general Methuen deu ordem para se passar a noite nas mesmas posições.

No dia seguinte os boers romperam o fogo.

A's 11 horas effectuaram os inglezes a retirada em toda a linha, o que foi feito em boa ordem, principalmente pela guarda que retirou com tanta ordem como o faria, diz o correspondente do *Morning Post*, nas paradas de Hyde Park, para irem de novo occupar as posições de Modder River, onde descançaram uns dias, onde se reorganisaram e onde tomaram alento e força para emprehender de novo a sua marcha invasora.

Pelos traços geraes com que descrevemos este combate vê-se bem claramente que os boers foram habeis na organisação da sua posição defensiva e destros no tiro, mas que lhe faltou a direcção e unidade de acção.

Na guerra não ha principios systematicos a que constantemente se obedeça. Se os boers não pensassem e procedessem assim, se não fossem constantemente fieis á sua tactica defensiva e se tivessem um chefe habil, a quem obedecessem cegamente, e que soubesse aproveitar as opportunidades favoraveis e tantas vezes postas em evidencia, se os boers tivessem, finalmente, a educação e o espirito de tropas aguerridas, não deixariam ficar na sua frente 3 baterias isoladas e não permittiam, na retirada, que os inglezes manobrassem como em Hyde Park.

COMBATE DE SPION KOP

Spion Kop é uma elevada collina que domina todos os *copjes* adjacentes e que termina por um *plateau* com a forma d'um triangulo. As encostas são muito escarpadas, formadas por terreno rochoso e a do sul contornada por um caminho que dá accesso ao *plateau*.

Os terrenos em volta são muito accidentados e podem mesmo entrar na cathegoria de montanhosos, formados por valles estreitos e profundos, por onde torto e apertadamente corre o Tujela, e por montes elevados de encostas escarpadas cheias de rochas abruptas que ameaçam constantemente despenhar-se sobre os valles. O escarpado das encostas e os rapidos e constantes accidentes do terreno tornam sempre os accessos difficeis e muitas vezes perigosos.

Querendo seguir na direcção norte, de Springfield para Pretoria, é necessario seguir pelos valles formados por Spion Kop e Tabamyama ou Brakfontein.

Ficando Spion Kop no centro e mais para sul e tendo, alem d'isso, commandamento sobre as outras collinas, é facil de ver que é a chave principal de todas as posições que, pelo sul, defendem Ladysmith. E', procurando um termo de camparação, a torre de Malakof: tomada ella estava Ladysmith na mão dos inglezes. Pelo menos inglezes e boers assim o comprehenderam, porque só assim se justifica a maneira tenaz como foi atacada e defendida por uns e outros.

Sir Redevers Buller, depois do desastre soffrido em Colenso, vendo que por esta estrada não chegaria a Ladysmith, fez uma conversão á esquerda, seguindo o Tugela até Springfield. Marchando depois na direcção norte internou-se pelos vales profundos formados pelas asperas montanhas, que a todos os momentos lhe appareciam cobertas de boers que, com o seu tiro preciso, devéras difficultavam a marcha dos inglezes, embora pelas altas horas da noite cantassem os seus hymnos, que eram repetidos de *copje* em *copje*.

Comtudo, vencendo sempre difficuldades que poem bem em evidencia o quanto vale a tenacidade, constancia e pertinacia ingleza, luctando constantemente com os boers que da alta das montanhas lhe impediam a marcha, vencendo mesmo combates importantes como o de Venter Spruit, conseguem avançar até ao sopé de Spion Kop.

Esta lucta constante e sem treguas durou desde o dia 16 a 23 de janeiro.

Depois do combate de Venter Spruit, apezar de ter sido um combate de resultados indecisos, os boers abando nam as suas posições e vão collocar-se em Tabamyama e Spion Kop.

Como Venter Spruit fica á esquerda de Spion Kop e perto e ao sul de Tabamyama, e como os boers tinham atacado principalmente dos lados d'esta ultima collina a ala esquerda ingleza, concluiram estes que Spion Kop devia estar pouco guarnecida, e resolveram atacal-a de noite.

Devido a esta resolução, na noite de 23 para 24, poseram-se em marcha, seguindo pelo caminho a que já nos referimos e que leva ao *plateau*, o 2.º batalhão dos *Lencasters Regiment,* o 2.º das *Lancashires* (seis companhias), 194 homens de infanteria montada e meia companhia de engenheria, todos debaixo das ordens do coronel Thorneycroft.

Esta columna d'ataque tinha como reserva o 1.º batalhão dos *South Lancashires Regiments* e a *Irrperiel Light Infantery.*

O commando de todas estas forças foi dado ao general Woodgate.

Debaixo de chuva e por uma noite escura iniciou a columna d'ataque a sua marcha á 1 hora da manhã. Seguindo sempre com as maiores precauções, não fallando e não fumando, ás 3 horas estavam no vertice sul do *plateau*. N'esse momento um grito de « *Quem vive!?* » sahido do meio da escuridão interrompe o silencio, accorda os inglezes, que marchavam somnolentos, e, obdecendo ás ordens cathegoricas e terminantes que tinham recebido, armam logo bayonetas e deitam-se por terra. O mesmo grito, que tinha sido lançado por um indigena que estava de sentinella, foi o signal d'alarme para os boers defensores de Spion Kop, mas a imprevidencia boer tinha deixado as portas de Ladysmith entregues a 25 homens, que dispararam as suas armas e que immediatamente se pozeram em fuga.

Os inglezes avançam uns 25 metros e ahi depararam com as trincheiras boers que tinham ficado abandonadas, e julgando-se já senhores de Spion Kop, continuam avançando.

Comtudo, dentro em pouco, d'uma segunda linha de fortificação rompe um fogo vivo e intenso, que causou algumas baixas, mas, apezar das excellentes posições em que
os defensores se encontravam, cessam o fogo e cêrca das
4 horas da manhã lançam-se tambem em fuga, deixando
os inglezes senhores da parte sudoeste de Spion Kop.

Os boers vencidos por este *golpe de mão* formavam um
posto avançado collocado em *alto guardado* e constituido
por *burghers* de Vryheid, unicos federados que defendiam
Spion Kop!

Quando os homens levados pela imprevidencia, com-
mettem d'estes erros, duras teem de ser as consequencias.
Os boers desguarneceram a posição principal e se a qui-
zeram depois. reconquistar tiveram que soffrer grandes
baixas e luctar séria e desesperadamente. Esta falta grave
é em parte explicada no *Matin* por uma exposição de
Botha, em que diz que precisava deslocar os seus homens
constantemente para com isso simular maior numero.'

Para os inglezes se tornarem senhores da posição que
tinham conquistado com tanta facilidade necessitavam estabelecer-se n'ella solidamente. Para isso começaram logo
a abrir trincheiras e a estabelecer-se defensivamente, o
que poderam fazer até ás 8 da manhã sem serem inquie-
tados, porque um denso nevoeiro não deixava que de longe
e das alturas de Tabamyama os boers os importunassem
com o seu tiro certeiro. Mas esse nevoeiro que parece
que tanto favorecia os inglezes, logo que deixou que o sol lhe
mostrasse a realidade, viram as tropas de Woodgate que
as trincheiras que tanto lhe tinham custado a construir estavam mal orientadas e que eram batidas de enfiada pelos fogos dos boers.

Façamos agora uma rapida visita ao campo boer. Ten-
do-se estabelecido em Tabamyama, um pouco ao norte de
Spion Kop, abandonaram esta posição, que como já vimos,
não é crivel que fosse por imprevidencia, mas pela razão
que Botha apresenta, o que acreditamos com facilidade
pela razão de ser necessario aos boers concentrarem todas
as suas forças no flanco direito do vasto amphitheatro que
defendiam para poderem resistir aos impetuosos ataques
de Warren, que pelo oeste lhe ia contornando Tabamyama.

Atacando-os Warren incessantemente nos dias 20 a 23

de janeiro, apenas os boers poderam em Tabamyama construir rapidos entrincheiramentos, que devido á aridez e á
estructura rochosa do solo sómente os poderam construir
com pequenos muros de pedra solta, a que chamaram
schantzes, e que embora augmentassem os estilhaços, offereciam a grande vantagem, hoje tão attendivel, de os esconder das vistas inimigas.

m uanto os inglezes, sob as ordens do valente coronel Thorneycroft, trepavam na noute de 23 para 24 por uma
densa escuridão e um profundo silencio o tortuoso caminho
que os levou ao *plateau* de Spion Kop para effectuarem o
golpe de mão, os boers, nas alturas de Tabamyama, en-
toavam plangentemente os seus psalmos queridos, os quaes,
ás 4 horas da manhã de 24, foram interrompidos pela triste
noticia de que a posição principal, o *plateau* de Spion Kop
tinha sido tomado pelos soldados britanicos.

Como valentes patriotas e denodados combatentes es-
quecem a musica monotona que tão ternamente lhes enle-
vava a alma para as sublimes regiões celestes para pega-
rem na arma, que, com o crepitar do seu tiro, lhes mos-
trava a triste realidade da vida. Tinha chegado o momento
de substituir o psalmo que enleva a alma pela musica as-
pera e retumbante do tiro, que concretisando os sentimentos da honra mostra o quanto valem os sentimentos da
patria e quão duros são os encargos da vida. Tendo pro-
curado alcançar os bens do ceu era necessario agora salva-
guardar a honra e defender os bens da terra, encargo que
é bem mais duro.

Para isso Botha e Burgher, cahindo na triste realidade, resolveram logo dar um vigoroso ataque e desalojar os inglezes do *plateau* de Spion Kop, devendo cada
um d'elles commandar uma columna, marchando na frente
um grupo d'*élite* de 350 homens, burghers de Carolina,
sob as ordens do commandante Prinsloo.

Dadas estas ordens, os boers lançaram-se na lucta
com um denodo que se póde equiparar ao fervoroso
ardor e melancolico enthusiasmo com que a Deus pediam
a Sua protecção divina e o eterno descanço para as suas
almas cheias de bondade e candura, pois que quasi foi este
o unico combate em toda a prolongada campanha em que
elles, os boers, mostraram que eram tão aptos para o ataque como habeis e astuciosos para a defesa.

Postas as duas columnas em marcha, com os burghers

de Prinsloo á frente, desceram os boers das alturas de
Tabamyama e ainda pela escuridão da noute, reforçada
pelo denso nevoeiro, escalaram as asperas encostas que
pelo norte e noroeste os levavam ao *plateau* de Spion Kop,
que horas antes tinha sido conquistado pelos inglezes e
onde activamente trabalhavam na construcção das suas
trincheiras.

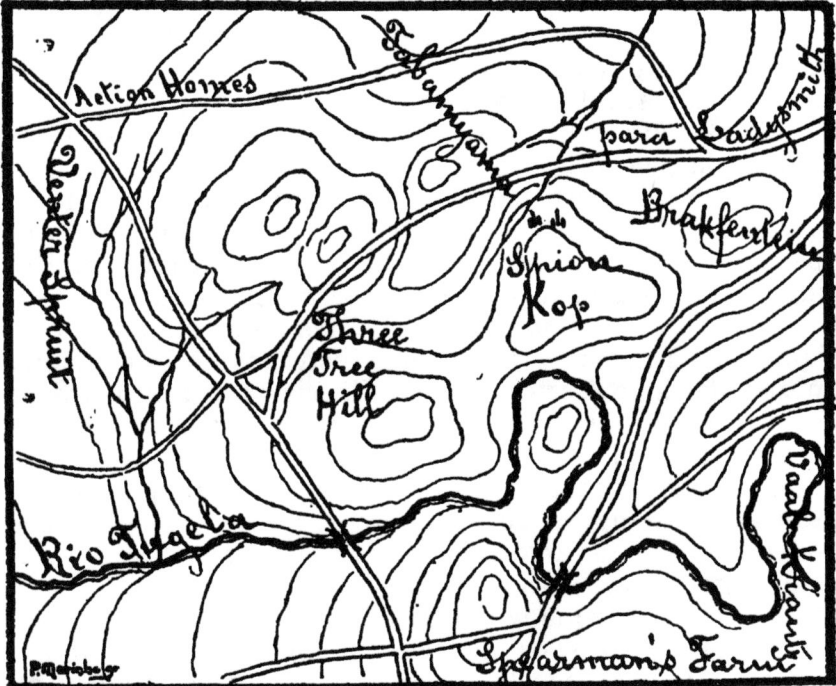

Escala approximada 1/180:000

Subindo a collina debaixo da protecção do denso nevoeiro, tinham que luctar sómente com os obstaculos
que a natureza lhes apresentava, mas subindo sempre,
os bravos burghers de Carolina foram esbarrar-se nas
vedetas inglezas que, segundo a exposição de Botha publicada no *Matin*, «se encontraram face a face com as sen-
tinellas inimigas e muitos d'entre elles agarraram as armas
dos soldados inglezes no momento em que estes se prepa-
ravam para fazer fogo.»

N'este meio tempo, emquanto os burghers de Prinsloo
luctavam com os inglezes quasi corpo a corpo, iam as columnas boers avançando e collocando a sua artilheria em
posição, estabelecendo duas peças Maxim-Nordenfelt na

extremidade noroeste do *plateau*, como se vê no *crocquis* que juntamos, que causaram graves perdas nas tropas de Woodgate, e collocaram mais tres peças de maior calibre, duas das quaes tomadas aos inglezes na triste batalha de Colenso, á retaguarda da crista de Tabamyama, que além de ficarem completamente ao abrigo das vistas das baterias inglezas, lhes permittiam batel as com um tiro efficaz.

A's 8 horas da manhã o nevoeiro estava dissipado e as peças boers, batendo os inglezes de tres direcções differentes, auxiliavam efficazmente os boers, que dispersos e abrigados cautelosamente com os recursos naturaes, se estendiam já pelo *plateau*.

O fogo era mortifero de parte a parte, mas os inglezes apezar das duras lições de Colenso e outras, ainda não tinham perdido o pernicioso habito de se gruparem. Devido a isso offereciam ás peças Maxim, collocadas no vertice noroeste do planalto, excellentes alvos onde ellas faziam constantemente horrorosos estragos. Não obstante, apezar do fogo certeiro da artilheria e do tiro efficaz dos boers que dispersos iam avançando, ainda os inglezes conseguiram manter-se nas trincheiras mais avançadas durante tres horas, mas ahi pelas 10 horas, os boers, avançando sempre, conseguiram desalojal-os, não lhes podendo valer a arrojada bravura das tropas do valoroso Thorneycroft. Uma pequena trincheira foi por tres vezes perdida e tomada pelos inglezes, mas, não obstante, cerca das 11 horas os inglezes tinham já perdido muito terreno e tinham sido lançados para a extremidade sul do *plateau*. A sua situação na posição principal era já muito critica. A torre de Malakof estava preste a ser perdida e Ladysmith garantido nas mãos dos boers federados.

A situação era critica; os boers, aproveitando com uma habilidade rara os accidentes do terreno, surgiam do lado norte do *plateau* como leões enraivecidos. Quem diria que eram os mesmos que em todos os mais combates optaram quasi sempre pela defensiva pura! Os bravos burghers de Prinsloo, ao mesmo tempo que ameaçavam atirar com os inglezes das alturas de Spion Kop para os profundos valles do Tugela, conseguiram ferir mortalmente o general Woodgate, que foi substituido pelo coronel Hill. Avisado pelo heliographo o general Warren, que ainda se conservava nas faldas occidentaes de Tabamyama, manda o general Coke

tomar o commando, levando sob as suas ordens, como reforço, os *Middlesexes* e *Dorsetshires,* que só chegaram ao *plateau* depois do meio dia. Já quando este reforço em marcha,
Warren recebe um outro despacho heliographico de sir Buller,
enviado de Spearman's Farm, onde se encontrava, confir-
mando-lhe a situação critica em que se encontravam os defensores do *plateau,* e, dizendo que era necessario confiar
o commando a um homem energico e experimentado, in-
dicava-lhe o bravo Thorneicroft, o commandante da guarda
avançada.

Warren, apezar das ordens dadas, nomea-o commandante de todas as forças que defendiam o *plateau*, mas o general Coke, não tendo recebido communicação alguma, jul-
gou durante o dia que era o commandante em chefe e devido a isso, as forças inglezas experimentaram a vontade
desencontrada de 4 commandantes; Woodgate, Hill, Coke
e Thorneicroft, valendo-lhe comtudo o terem estado sempre debaixo da acção inergica e valorosa d'este ultimo,
que foi sempre o verdadeiro commandante.

Ao mesmo tempo que a brigada de Coke vencia a custo as
subidas asperas de Spion Kop, o general Warrem mandou
collocar parte da sua artilheria em Three Tree Hill a fim
de contrabater a artilheria boer, collocada em Tabamyama,
e bater numerosas forças montadas dos alliados que se tinham visto ao norte de Spion Kop. m uanto estas duas
artilherias se degladiavam a grandes distancias, perdendo
os boers, devido a isso, o apoio efficaz da sua, conseguiram, mesmo sem o seu auxilio, avançar sempre. Mas depois do reforço de Coke os inglezes eram tantos que, diz
um telegramma de origem boer, «os intervallos abertos nas
fileiras pelo seu tiro eram preenchidos automaticamente».

Não admira que assim succedesse, porque os inglezes,
depois do reforço, tinham em combate 5 batalhões, prefazendo o effectivo total de 5:000 homens com a frente restricta de 335 metros, que era o maximo que o *plateau* lhe
permittia, no ponto em que se encontravam, estando portanto muito accumulados, o que devéras contribuiu para
que o numero das suas baixas tanto augmentasse, e tanto
mais que apenas dispunham d'uma trincheira de 90 metros
de comprimento com o traçado d'um arco de circulo. Devido á agglomeração exagerada e á pouca protecção que
essa trincheira offerecia, pois apenas tinha uma profundi-
dade de 75 centimetros, e devido á falta de abrigos para

as outras tropas, os inglezes soffreram, 15,9 % de baixas causadas pelo fogo.

Se a situação dos inglezes não era boa, a dos boers não era melhor. Estes, avançando sempre sem abrigos, tinham ainda em seu favor toda a extensão do *plateau*, que estava quasi todo em seu poder, o que lhes permittia avançar nas differentes direcções e aproveitar os abrigos naturaes que melhor protecção lhes offerecessem.

A's 2 horas da tarde as duas linhas de combate estavam proximas, mas ambas agarradas ao terreno com affinco e denodo.

A essa hora deu-se um incidente digno de ser mencionado. Cerca de 200 inglezes dos *Lancashires* vendo-se na triste situação de não poderem recuar, porque seriam lançados nos despenhadeiros alcantilados da margem sul, e não podendo supportar por mais tempo o fogo boer, levantam a *bandeira branca* e depõem as armas. Os boers, avançando para fazerem prisioneiros os seus adversarios, são recebidos a pouca distancia por um fogo mortifero e intenso que os *Scotishes Rifles* lhes fizeram. Surprehendidos por este fogo inesperado tomam immediatamente os boers as suas posições e com um fogo bem executado conseguiram tirar uma excellente vingança, não nos *Scotishes* que a mereciam, mas nos *Lancashires,* que ainda estavam de pé e que offereciam um excellente alvo.

Depois d'este incidente e indignados com esse procedimento desleal, a lucta continuou cada vez mais encarniçada da parte do sboers, e assim se prolongou o combate até ás 5 horas da tarde sem offerecer nada digno de menção especial.

Já vimos como na esquerda Warrem se preparava para atacar Tabamyama e tomar Spion Kop, e já vimos, até ás 2 horas da tarde do dia 24 de janeiro como tinha corrido o combate no *plateau*, indeciso e vacilante, mas pendendo a victoria mais para o lado boer, que lhes era dada pela audacia e pelo tiro.

Vejamos agora rapidamente o que se passou na direita.

O general Littilton tinha chegado n'esse mesmo dia a Brakfontein com o fim de distrahir a attenção dos boers de

Spion Kop e tornar-se depois senhor d'essa bella posição com um movimento envolvente.

Se não fosse a antecipação de Warren em mandal-a tomar por Woodgate, este plano é provavel que chegasse a fructificar. Comettido o erro era necessario remedial-o, e, para isso, foi pedido a Littilton que reforçasse as tropas de Thorneicroft pelo flanco direito.

Com esse fim mandou em seu soccorro um batalhão dos *Scotishes* e o 3.º batalhão do *King's Royal Rifles Corps*, que fazia parte do regimento n.º 60 de infanteria. O batalhão dos *Scotishes*, depois de atravessar o Tugela, subiu ao *plateau* pelo caminho que na noute anterior tinham seguido as tropas de Thorneicroft.

O batalhão dos *Rifles* subiu a encosta Este de Spion Kop, que tendo de luctar durante duas horas, quasi sobrehumanamente, com as difficuldades do terreno e com o tiro dos boers, tomou posição, lançando freneticos *hurras,* no flanco direito da linha ingleza. A conducta d'este batalhão mereceu os mais rasgados elogios de todos os generaes inglezes.

Depois d'este novo reforço e da entrada valorosa dos *Rifles* em combate todos os inglezes julgaram a victoria certa, mas quando levados pela seductora esperança de que os boers começassem a ceder terreno, vêem novos reforços boers, perdem a esperança e apodera-se d'elles o desanimo e o desalento. Os esforços de Thorneicroft e as suas expressões animadoras e imperiosas—*I will allow no surrender; men, follow me* (eu não consinto que ninguem se renda; soldados, segui-me) de pouco valeram.

Tendo durante o dia heliographado a Warren expondo-lhe a triste situação em que se encontrava, vê, mesmo depois da entrada em combate dos valentes *Rifles,* chegar novos reforços. Um batalhão de *Scotishes Rifles,* acompanhado da infanteria montada de Bethune, vem em seu auxilio e logo depois um outro batalhão da *Imperial Light Infantry* e um corpo de *Uitlanders,* que foram inuteis, pois que os inglezes não tinham espaço para dois batalhões sequer!

O resultado d'estes reforços successivos foi funesto para os inglezes. Não tendo onde manobrar nem espaço onde se collocarem, serviram sómente para engrossar a linha de combate, onde as balas boers encontravam pasto abundante. Devido a esses reforços successivos, os batalhões misturaram-se e chegou mesmo a estabelecer-se uma verdadeira confusão, ónde os soldados não conheciam os officiaes e onde estes não conheciam os seus soldados. Além d'isso as tropas que na noute anterior tinham escalado Spion Kop passaram o dia inteiro debaixo das balas inimigas, experimentando sempre, ainda por cima, as inclemencias d'um sol abrazador e os horrores d'uma fome desesperadora e d'uma sêde ardente, estando portanto fracas, como não podia deixar de ser, e com a força moral extremamente abatida. Com soldados em confusão e desordenados, com forças fracas e abatidas e com elementos desmoralisados como se poderia resistir aos boers que, além de os atacarem de frente vigorosamente, lhes tinham já envolvido o flânco esquerdo e ameaçado o unico caminho que lhes garantia a retirada? Não era possivel, mas emquanto, ahi pelas 6 horas da tarde, Thorneicroft se via n'esta triste situação, lá em baixo, nas faldas de Tabamyama, o general Warren deu ordem para que Spion Kop fosse reforçado com mais 2 peças de marinha de grosso calibre, uma bateria de montanha, meia companhia de engenheria e dois grupos de trabalhadores, cada um de 600 homens. No entre tanto, Thorneicroft, que não teve conhecimento d'este reforço, depois de analysar a dura situação em que se encontrava, vendo n'essa altura que 122 dos 194 homens que constituiam o seu proprio batalhão tinham sido mortos e vendo que o estado moral das suas tropas não lhe permittia nem o conservar-se por mais tempo nem o poder continuar a lucta no dia seguinte, dá, ás 8 horas da noute, ordem para retirar, o que foi feito rapidamente.

Assim perderam os inglezes mais um combate que aniquilou por completo os esforços que Warren tinha envidado para romper a linha d'alturas que defendiam Ladysmith e que obrigou sir Buller a modificar mais uma vez o seu plano. Esta lição, dura para os inglezes, não o foi menos para os boers. O erro de abandonarem Spion Kop custou-lhes caro, mas, não obstante, Malakof ficou em seu poder e Ladysmith ficou por mais algum tempo defendido dos inglezes.

A BATALHA DE PAARDEBERG

A batalha de Paardeberg é sem contestação a licção mais proveitosa de toda a campanha, seja debaixo do ponto de vista estrategico, porque houve concepções primorosamente delineadas e executadas, seja debaixo do ponto de vista tactico, que nos fornece elementos concludentes.

Além d'isso foi o coroamento da obra de antemão concebida do velho lord Roberts.

O seu primeiro objectivo era libertar Kimberley para entrar no Transvaal e tomar Pretoria.

Depois de ter sido feliz em Graspan, Belmont e Modder River, soffreu a primeira contrariedade, aliás bem dura, nos *copjes* de Magersfontein. Cronge, com os seus federados deu-lhe ahi uma batalha sangrenta, que não só lhe impediu o proseguimento da marcha invasora, mas que até o fez voltar novamente a occupar as posições de Modder, onde, 10 dias antes, as suas tropas se tinham coberto de gloria.

Este revez inesperado fez-lhe alterar um pouco o seu plano. Perante o obstaculo que Cronge levantou em Magersfontein com o tiro certeiro das *mausers* dos seus alliados, resolveu seguir caminhos differentes que, por Este ou pelo flanco esquerdo boer, levassem as suas tropas a Kimberley e Pretoria.

Para isso mandou retirar as forças que tinham sido batidas em Magersfontein para Honeynest Kloof, Enstin e Graspan afim de se concentrarem em Ramdam, á direita da linha ferrea Cabo-Bollowayo. Para proteger este movimento deixou Roberts a divisão de Methuen em frente dos boers.

A 12 de fevereiro estavam as restantes forças inglezas em Ramdam, prefazendo um effectivo de 37:000 homens.

No dia seguinte, com os primeiros alvores, a 6.ª divisão, Kelly-Kenny, acompanhada por lord Kitchener, poz-se em marcha, e, passando o Riet em Waterval Drift, chegou no dia seguinte a Wegdraai, chegando no dia 15 a Klip Drift sobre o Modder. Este mesmo itenerario foi seguido pela 9.ª divisão, Colvile, e a infanteria montada.

Para proteger o flanco esquerdo da 6.ª divisão foi encarregado French com a sua divisão de cavallaria, mas logo que aquella chegou ás margens do Modder poz-se este novamente em marcha, executando um soberbo *raid* sobre Kimberley.

A 7.ª divisão, Tucker, com a qual marchava lord Roberts, dirigiu-se para Jacobsdal, chegando tambem no dia 15 á margem sul do Modder.

Esta columna soffreu duas contrariedades. Ao passar o Riet, em Waterval, o comboio, de 180 viaturas com 4:000 animaes, que marchava sem escolta, foi atacado violentamente por uma columna de 1:000 boers. O general Tucker foi logo com a 14.ª brigada em seu soccorro, mas vendo que para o salvar era necessario empregar grandes esforços, o que retardava a marcha da columna, e reconhecendo que essa demora podia alterar ou compremetter o plano de Roberts, pois que não havia tempo a perder, resolveu abandonal-o. Na guerra assim deve ser ; os pequenos resultados perante os grandes effeitos pouco valor teem.

Em Jacobsdal teve tambem esta columna de repellir um destacamento boer.

Assim, depois de 4 dias de marchas violentas, executadas debaixo d'um sol ardente e desapiedado e tendo . muitas vezes de percorrer mais de 20 kilometros sem que apparecesse uma gota d'agua com que se mitigasse a sede ardente, occupava Roberts a margem sul do Modder.

m uanto os inglezes executavam estas marchas penosas e cheias de difficuldades, os boers federados conservavam-se na mais condemnavel innação. Talvez julgassem que os louros de Magersfontein lhe servissem de guarda para os dias futuros sem se lembrarem, que se a victoria umas vezes os dá com as folhas espalmadas, outras vezes os dá com ellas cravejadas d'espinhos. Foi este o caso presente.

m uanto acolhidos pela acariciadora e esperançosa sombra dos louros de Magersfontein se entregavam ás suas libações habituaes e aos monotonos psalmos que por altas horas da noite lhe elevavam a alma para Deus, os inglezes, praticos e positivos, conceberam o seu plano e, debaixo de inclementes contrariedades, lá o iam executando.

Cronge teve logo nos primeiros dias conhecimento do succedido, mas julgando-se inexpugnavel em Magersfontein olhou com indifferença para o que se passava. Dentro em pouco a realidade do perigo tornou-se bem patente e no dia 14, pelas duas horas da manhã, dá a ordem de retirada sobre Bloemfontein, por Olifantsfontein.

Se tivessse retirado para o Norte, em logar de o fazer para Este, não teria cahido nas mãos dos inglezes. Tem sido esta retirada muito discutida, mas o que parece provado é que sendo orangista de coração, o que tinha em vista era salvar o capital do seu querido Estado Livre.

Tentou, portanto, fazer uma retirada politica, o que foi a causa do seu desastre.

Roberts, logo que teve conhecimento das intenções de Cronge resolveu modificar o seu plano, deixar Kimberley e internar-se para Este, afim de o perseguir e tomar Bloemfontein, mas no dia 16, Kitchener, que estava no Klip Drift, vendo de manhã uma densa nuvem de poeira comprehende o que se passava e mandou logo a sua infantaria montada atacar o comboio de Cronge. Ao mesmo tempo, e sem a mais pequena delonga, a brigada Knox foi mandada pela margem direita do Modder afim de impedir o avanço da columna dos alliados.

Vendo-se, Cronge; atacado pela retaguarda e flanco direito e reconhecendo que as forças dos alliados estavam exhaustas, resolveu estabelecer-se em tres *copjes* que distam 3 kilometros do Klip Drift, mas sendo repellido pelas forças inglezas foi estabelecer-se em Drieput, dando-se ahi, de parte a parte, um renhido combate que durou até á noite.

Depois de fadigosas marchas executadas em dias consecutivos e entremeadas de duros combates não deixaria de appetecer que esta noite, de 16 para 17, fosse uma noite de descanço na qual se podesse dormir um somno reparador. Embora fosse desejado não foi isso o que succedeu.

Os inglezes, pondo em acção a sua reconhecida energia, mandaram logo pela escuridão da noite a brigada Stephenson, da 6.ª divisão, por-se em marcha para impedir o avanço de Cronge para Este, o que devia conseguir em Paardeberg, á qual se juntou, ás 10 horas da manhã do dia 17, a brigada Knox.

Assim reunida novamente a divisão Kelly-Kenny, descançou até ás 6 horas da tarde e pondo-se novamente em marcha na direcção Este perdeu-se no caminho e bivacou a 3 kilometros para Este de Paardeberg Drift, que era exactamente o ponto onde Cronge tencionava passar o Modder, erro este, que podendo ser fatal aos inglezes, lhe foi, pelo contrario, util e vantajoso.

Depois do combate de Drieput, no dia 16, o velho Roberts telegraphou a French, que já tinha levado o seu *raid* até Kimberley, que viesse em seu auxilio e que impedisse que Cronge marchasse para o Norte.

m uanto os inglezes procuravam envolver os alliados n'um circulo de ferro, Cronge, pelo seu lado, procurava, não libertar-se d'esse circulo, mas marchar cegamente para Este, afim de salvar a querida capital do seu Estado Livre d'Orange. Cego e dominado pelo objectivo politico da sua marcha não previu e calculou o erro em que podia cahir.

Com este intuito, logo depois do combate de Drieput, abandonando 78 viaturas, poz em marcha a sua columna, formada mais por mulheres e creanças do que por soldados armados, e marchou todo o dia 17 com o fim de passar o Modder em Kaedoe's Rand Drift, mas, logo depois de passar o Paardeberg Drift, viu que French, vindo de Kimberley com a velocidade d'um phantasma, occupava já uma serie de *copjes* que dominavam aquelle vau.

Perante a inesperada perspectiva de não poder seguir para Bloemfontein, que tanto o attrahia, pelo itinerario que tinha delineado, e reconhecendo que os seus alliados, depois de uma noite e um dia de marcha, necessitavam de descanço, desistiu de seguir para Kaodoe's Rand e resolveu bivacar um pouco ao sul de Paardeberg com a ideia de n'esta altura passar o Modder no dia seguinte, 18 de fevereiro.

Doce, mentirosa e ephemera foi esta esperança; doce porque lhe alimentou a ideia seductora de alcançar Bloemfontein, mentirosa porque ignorava que a 6.ª divisão, Kelly-Kenny, bafejada pela sorte, occupava uma posição a 3 kilometros na margem sul do Modder, que lhe impedia a sonhada realisação do seu intento, e que a divisão Colvile estava a alguns kilometros á retaguarda e que ia chegar ao vau de Paardeberg antes do romper do dia 18, e ephemera porque logo, durante a noite, a infanteria montada, que estava um pouco ao sul, lhe atacou o comboio, que durante a mesma noite teve de soccorrer.

N'esta critica situação, tendo para nordeste, em Koodoesrand, a divisão de French, para noroeste a divisão Kely-Kenny, para sul a infanteria montada e para sudoeste, á sua retaguarda, a divisão de Colville, o unico sector do circulo de ferro que lhe ficava aberto era o do norte, mas o ideal que o chamava para Bloemfontein e que o attrahia para a rendicção em pleno campo de batalha não deixou que o seu espirito se esclarecesse e ali permaneceu até ao dia 18, dia memoravel da batalha de Paardeberg.

N'esta situação tornava-se imminente uma batalha. Cronge, ou porque ignorasse as posições que os inglezes occupavam, ou porque entendesse que não teriam forças sufficientes para lhe impedir a sua marcha sobre Bloemfontein, mandou na noute de 17 para 18 guarnecer a margem norte do Modder para ter segura a passagem no dia seguinte na vau de Walverskraal. Os bóers que ahi foram collocados logo de manhã fizeram fogo sobre a infanteria montada que occupava a margem Sul, que immediatamente abriu fogo contra elles e que os fez recuar uns 400 metros acima do vau de Paardeberg.

A 6.ª divisão (¹), Kelly-Kenny, accordada pela fusilaria, foi logo em auxilio da infanteria montada, marchando na direcção do vau de Paardeberg; mas Kitchener, reconhecendo que a posição principal dos boers era em Walverskraal, mais a nordeste, fez-lhe mudar de direcção para marchar sobre este ultimo ponto, marchando á direita a brigada Stephenson e á esquerda a brigada Knox.

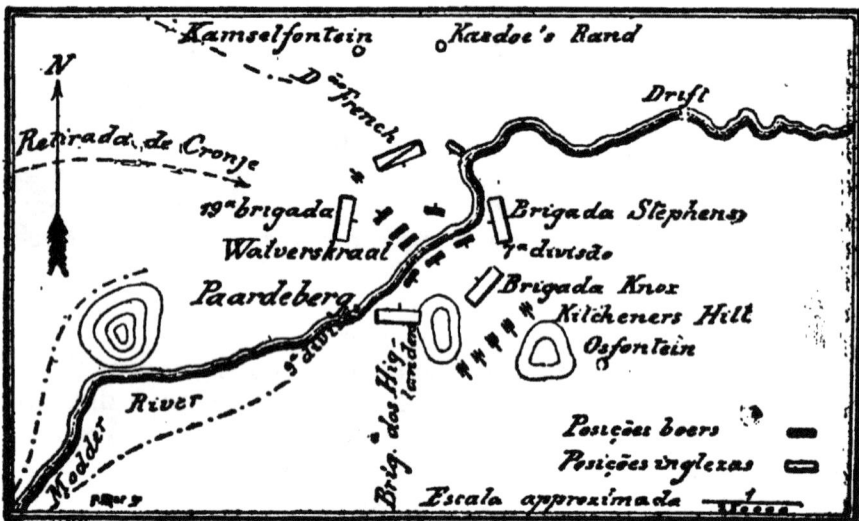

Quando estas brigadas chegaram perto da margem sul, a divisão Kelly-Kenny occupava toda a extensão sudoeste do circulo de ferro, pois que tinha os *Welshs* e *Essex* na margem sul desde o cotovello que o rio forma, e que se vê no mappa junto, á esquerda os *Yorks*, a seguir toda a brigada Knox e mais para sudoeste a brigada dos *Hyghlander*.

Logo que estes dispositivos foram tomados, as tres brigadas pozeram-se novamente em marcha, eram apoiadas por 3 baterias, sendo uma de obuses, e por uma peça de marinha, que tomaram posição a 1:400 e 1800 metros.

(¹) No mappa onde se lê — 7.ª *divisão*—deve ler-se—*6.ª divisão.*

Emquanto estas duas brigadas se batiam da margem Sul do Modder com os boers que occupavam a margem Norte, a brigada Dorrien, deixando um batalhão em reserva, attravessou o Modder, no vau de Paardeberg. Seguindo a margem Norte n'uma extensão de 1:600 metros, bateu efficazmente de flanco os boers que guarneciam esta margem, mas não podendo continuar a avançar na mesma direcção, pelo facto de o não permittir o terreno e o fogo, fez uma conversão á esquerda, na direcção nordeste, e desenvolveu por fim novamente em linha na direcção Este, ficando os *Stropshires* á direita, o batalhão do Canadá ao centro e os *Gordons* á esquerda apoiados pela 82.ª bateria, batendo-se então, qualquer d'estas unidades, com uma bravura que foi muito elogiada pelos generaes inglezes. Devido a esta evolução os boers ficaram envolvidos tambem pelo Oeste, mas ás 3 horas, não os deixando avançar mais o fogo intenso dos boers, o general Colville reforçou esta brigada com tres companhias e meia dos *Cornwalls*, que entraram em combate com uma tal impetuosidade que atravessaram a linha de combate e tentaram mesmo escalar as posições boers, mas apezar do seu impeto temerario e da sua bravura, que excedeu toda a espectativa e que foi o episodio mais brilhante do dia, apenas poderam chegar a 350 metros das posições alliadas.

A's 11 horas rompeu o fogo a artilheria, que foi a principio muito incerto, chegando mesmo a cahir algumas granadas na brigada dos *Hyghlanders,* mas regulado elle fez grandes estragos no *laager* e, devido ao seu apoio, a infanteria, já empenhada, pôde avançar mais, apertando o *circulo de ferro.*

Pelo que fica dito se vê que os boers já estavam cercados pelo Sul e Oeste. Pelo Norte, como já deixámos dito, tambem já estavam cercados pela cavallaria de French, que á pressa e com a velocidade do raio tinha vindo de Kimberley, depois de ter effectuado o famoso *raid* sobre esta cidade.

Vamos finalmente ver como foram cercadas pelo Este.

A infanteria montada, que occupava um *copje* ao Sul do vau de Koodoes'Rand, atravessou o Modder cêrca do meio dia e avançou pela margem Norte, na direção Oeste, durante algum tempo. Esta infanteria foi recebida com um fogo intenso e teria de retirar se ahi pela uma hora da tarde os *Welshs* e os *Essex*, da brigada Stephenson, não atravessassem o rio no mesmo ponto e não viessem em seu auxilio, o que fizeram com grandes difficuldades e o que lhe acarretou grandes perdas. Devido a este reforço, porém, a infanteria montada pôde conservar-se, completando *o circulo de ferro* do lado Este.

m uanto a brigada Stephenson ia em soccorro da infanteria montada, a brigada dos *Hyghlanders* tentou avançar até mesmo á margem do Modder, o que só conseguiu depois de uma hora de combate, ás 2 horas, atravessando-o depois algumas companhias, o que não poderam fazer as outras, principalmente as que estavam juntas ao cotovello, porque os boers só á noite é que retiraram e se recolheram ao *laager*.

N'estas condicções, os alliados estavam cercados por todos os lados e se o *circulo de ferro* se não apertou mais n'este dia 18 é porque o seu tiro certeiro, justo, preciso e intenso o não permittia.

*
*

Depois de darmos uma idéa das operações inglezas vamos ver agora o que fazia Cronge, que a cada momento via fugir-lhe a esperança de salvar a capital do seu querido Estado Livre d'Orange para dar logar a uma desillusão, a um triste desengano, que dias depois se converteu n'uma dura realidade.

Só ao fim do dia 18, depois d'um dia inteiro de lucta, precedida de varios dias de fadigosas marchas, é que Cronge percebeu a situação verdadeiramente critica em que se encontrava, pois que, apertando-se cada vez mais o *circulo de ferro* formado pelas bayonetas inglezas, reconheceu que apenas tinha um espaço de cerca de 1:500 metros para cada um dos lados do vau de Wolverskraal. Mas não era só a falta de espaço onde podesse manobrar que o affligia. Durante os dias de marcha de Magersfontein, d'onde retirava, tinha abandonado muitas viaturas do seu numeroso comboio, onde transportava as munições de bocca e de guerra. A perda d'estas viaturas abandonadas, junto ás que os inglezes lhe tomaram, deixou Cronje sem recursos. As poucas que lhe restavam, como não poderam, por falta de tempo, ser abrigadas das vistas inglezas, foram logo destruidas pela artilheria britannica. Identica sorte o teve animal, que logo foi morto e que passadas horas, pela acção do calôr intenso, entrou em putrefacção e desenvolveu cheiros infectos e insuportaveis.

Mas ainda não era só este o mal que affligia Cronge. As mulheres e crianças que acompanhavam os alliados constituiam um grave impedimento material e moral; material porque não havia onde as accommodar, nem recursos com que se podessem sustentar, e moral porque os seus choros desesperados e gritos lancinantes faziam perder a força moral, senão tambem a physica, aos entes queridos que os ouviam.

N'estas condições, aggravadas pelo *circulo de ferro* que se apertava, é facil de vêr que as esperanças que faziam Cronge sonhar com Bloemfontein se perdessem por completo, para dar logar a um duro desengano, que sempre nas almas fracas acarreta um desalento.

Felizmente, para elle e para os alliados, não era Cronge homem para desalentos. Perdendo a esperança de continuar a sua marcha politica, tratou de organisar definitivamente as posições de que ainda estava em posse, tratando logo de abrir trincheiras onde se podessem abrigar os defensores, as mulheres e crianças, o que foi feito com promptidão e habilidade.

*
* *

Voltemos novamente ao campo inglez. Na noite de 18 para 19 não houve movimento algum, mas no dia 19, logo pela manhã, chega o velho Roberts com o seu estado maior e a 7.ª divisão, Tucker, que mais reforçou a linha d'investimento, pois que assim lhe podemos chamar. N'este mesmo dia Cronge pede um armisticio para enterrar os mortos, que Roberts lhe negou.

Depois de se orientar do succedido no dia anterior e vendo que os esforços d'esse dia foram inuteis para vencer Cronge, resolveu, não mandar atacar novamente a corpo descoberto e bayoneta armada as posições boers, mas proceder a um investimento em forma, como se estivesse na presença d'uma praça fortificada, isto é, mandou abrir sapas e bombardear o campo boer com 80 peças.

Antes de continuarmos na narração precisamos dizer que os inglezes tinham um effectivo dez vezes maior do que os boers, que estes se achavam quasi sem artilheria, mas que apesar de tudo, só com o tiro das suas *mausers* e com o judicioso emprego das fortificações, leyaram lord Roberts a um procedimento tão extraordinario e quasi unico na historia militar.

Fechado o parenthisis continuemos com a narração.

Nos dias 20, 21 e 22 não houve movimentos dignos de mensão, a não ser algumas tentativas de destacamentos boers para reforçarem Cronge, que todas foram mal succedidas. Os inglezes, lançando mão da pá e do alvião, iam abrindo pacientemente as suas parallelas, porque estavam convictos de que se os boers não se rendessem pelo fogo das 80 peças, que regulavam o tiro com o auxilio de balão captivo, se renderiam pela fome.

A 23 a artilheria ingleza é reforçada com mais 10 peças, mas o tufão de metralha lançado por estas 90 peças não fez mal ao boers, porque, occultos no fundo das trincheiras, se furtavam ás suas vistas e aos seus effeitos, e apenas acabaram de destruir as viaturas que ainda estavam intactas e os cavallos que ainda estavam vivos. A 24 a situação foi a mesma. A 25 Cronge pede um outro armisticio para enterrar os mortos e os animaes, que tão perigosamente infectavam a atmosphera. Como lhe foi negado, os boers, e principalmente os orangistas, vencidos pela peste, subjugados pelas supplicas das mulheres e pelas lagrimas das crianças e esmagados pela fome, revoltaram-se e resolveram depôr as armas, mas Cronge, ainda esperançado, talvez n'algum poder divino, supplica aos seus homens e pede-lhe, como um outro Christovam Colombo, mais tres dias de demora. Ficou então estipulado que se a 28 não houvesse um reforço dos homens ou algum auxilio de Deus, deporiam as armas e capitulariam. Mas não foi necessario tanto. A 27, anniversario de Majuba, procurou Roberts lavar a bandeira ingleza e tirar uma nodôa que a manchava, com uma victoria triumphante. N'esse mesmo dia resolveu dar um combate de noute, que foi o verdadeiro golpe de misericordia.

As tropas que o executaram foram a principio recebidas com um fogo intenso, mas conservando-se a 100 metros das posições boers até ao dia seguinte, viram, logo que o sol raiou das alturas do Oriente, alguns boers agitando bandeiras brancas, outros elevando as coronhas das espingardas e ainda outros as mãos para o ceu em attitude de quem supplíca e pede perdão.

Este espectaculo, tão grandioso como triste, leva ao coração de Cronge a ultima desillusão. Estava perdido, tinha de se render, e com as lagrimas nos olhos manda dizer a Roberts que estava prompto a capitular, que immediatamente o mandou receber pelo general Pretyman, emquanto elle o esperava vestido de *kaki* e só com a espada de Kandahar. Quando chegou disse-lhe entre um effusivo aperto de mão — *I am glad to see you; I am glad to meet so brave a man,* e assim fez justiça a um homem que, embora não fosse intelligente, foi bravo, leal e patriota.

2.ᴬ PARTE

Depois de descrevermos as batalhas de Colenso, Modder River, Magersfontein, Spion Kop e Paardeberg, que foram sem contestação os factos mais memoraveis de toda a campanha anglo-boer, vamos agora entrar no estudo propriamente tactico que esses factos nos forem suggerindo e ver, pela comparação com os nossos regulamentos da especialidade, quaes os pontos que é necessario modificar ou alterar. Antes de o fazermos, porém, é necessario dizer desde já que alguma cousa de novo se notou, sob o ponto de vista tactico, n'esta campanha, embora não tanto como alguns suppõem, nem tão pouco como alguns entendem. A maioria, se nos perguntarem por qual dos grupos é formada, diremos que é por este ultimo, o que não nos admira muito porque, a campanha foi feita em condições bastante excepcionaes e os combates feridos e dirigidos d'uma maneira bastante irregular, além de que os effectivos não attingiram as cifras da campanha de 70, conhecidas de todos. Por isso, devido a aquellas rasões ou á sugestão que os factos grandiosos d'esta ultima campanha podessem levar ao espirito da maior parte, muita gente se inclina a dizer que não houve nada de novo e que tambem não se presenciou cousa alguma desconhecida. Nós, comtudo, sem nos enfileirarmos em alguns d'esses grupos, vamos a analysar os factos evidenciados com á imparcialidade que é devida, e indicaremos as conclusões a que, segundo o nosso modo de ver, se deve chegar, podendo desde já accrescentar que embora não houvesse nada de novo, houve em todo o caso muitas lições dignas d'estudo. E' pois, com este fim que nos vamos abalançar a esta tarefa.

*
*

Como talvez o leitor ainda se recorde, no primeiro artigo que escrevemos sobre este assumpto, formulámos 22 pontos ou permissas dignas de entrarem no cadinho da discussão, pois que, sobre qualquer d'ellas, encontramos n'esta campanha exemplos que nos fornecem elementos para isso.

Vamos, portanto, entrar no assumpto a que cada uma d'ellas se refere:

I — *A polvora sem fumo permitte aos defensores o poderem-se occultar totalmento das vistas dos adversarios.*

Eis aqui um facto que, se fôr applicavel nos exercitos europeus, tem a mais alta importancia, pois que, só por si, é quasi o bastante para revolucionar os processos tacticos. Chamando-lhe um facto novo talvez não empreguêmos uma phrase totalmente verdadeira, porque, esse facto, embora fosse na pratica a primeira vez que se evidenciou, já era, contudo, esperado desde que as polvoras chimicas entraram em acção. Era pois conhecido theoricamente, e sobre este assumpto escreveram-se mesmo muitos livros que os nossos camaradas decerto conhecem.

Com polvoras chimicas cessa a causa que revelava as as posições occupadas, porque desapparecem os penachos e mesmo as densas nuvens de espesso fumo. Que fica pois que denuncie os combatentes? Evidentemente sómente o seu corpo, a arma e os equipamentos. N'estas condições é facil de vêr que não seja de todo impossivel, principalmente na defensiva, furtar o corpo das vistas inimigas, para o que basta o cauteloso e prudente emprego das fortificações e a utilisação dos abrigos naturaes. Quer dizer, para furtar o corpo das vistas adversas é indispensavel approveitar bem o terreno.

A nossa ordenança, feita mesmo ainda na epocha da polvora negra, recommenda isso mesmo. Mas se d'antes essa necessidade já era evidente, mesmo com as nuvens de fumo que denunciavam a posição occupada pelos atiradores, hoje, que essa causa cessou, torna-se essa instrucção, a instrucção do aproveitamento do terreno, da mais alta importancia, porque se os combatentes se souberem furtar das vistas do adversario, não fornecerão a este alvo algum e deixal-o-hão, por consequencia, na duvida da posição occupada, na incerteza dos effectivos e força d'aquelles que teem a combater. Isto é, deixa-o desnorteado e desorientado, não podendo, pois, obrar e proceder senão ao acaso, o que dá margem a grandes combinações tacticas.

Antes, porém, de narrarmos alguns factos da campanha anglo-boer que provem tudo isso, diremos desde já, porque é uma confirmação official da qual se não póde duvidar, que a nova ordenança ingleza para a infantaria, que ha dias foi posta em vigor, dá a esta instrucção uma alta importancia. A nossa, sobre este ponto, é bastante completa, mas embora diga que é necessario aproveitar bem o terreno, tem, por outro lado, prescripções que obedecendo a rigorismos e formas definidas e correctas tornam essa recommendação irrealisavel. Só assim é que se póde explicar a falta de instrucção que sobre este ponto se nota nos exercicios. O soldado, na linha de combate, não se preoccupa com os accidentes do terreno e não procura aproveital-os.

Isto quando na offensiva. Na defensiva nota-se o mesmo e é raro ver que o soldado procure furtar-se ás vistas do adversario.

Diz se, para justificar esta falta, que no combate real o sibilar das balas será o bastante para obrigar os homens a esconderem-se. Não duvidamos que assim succeda, mas se assim deve ser, o que é pratico e racional é ensinal-os desde logo conforme deve ser, porque além do mau effeito evitava-se-lhes o terem de aprender isso por experiencia propria, caso tenham um dia de entrar em fogo, o que sempre custa vidas. Mas ponhamos de parte estas considerações, que aliaz são do dominio de todos, e vamos entrar na analyse dos factos.

Uma das causas que muito contribuiu para os exitos que por vezes os boers obtiveram sobre os inglezes foi, indubitavelmente, a maneira rara, senão unica, como aproveitaram o terreno. Mas não façamos affirmações gratuitas. Um dos factos que o prova é a maneira como procederam em Colenso. O general Buller apenas suspeitava por informações quaes as posições occupadas pelos boers. Na incerteza foi bombardeando todas as alturas que se lhe

deparavam, mas, como ninguem respondia, foi avançando
sempre. Por fim, já nas margens do Tugela, quando as
suas forças avançavam em columna, foram os inglezes recebidos por um fogo quasi á *queima roupa*. Soffrendo varias perdas foram-se desenvolvendo e occultando com o
terreno o mais que podiam, mas por maiores esforços que
fizessem não conseguiram, se o correspondente do *Times*
não falta á verdade, saber ao certo qual a posição occupada pelos boers, porque, estes, como toupeiras, se conservavam bem occultos atraz dos entrincheiramentos que
d'ante-mão tinham preparado ou dos abrigos naturaes que
lhe appareciam. Apenas depois de 5 horas de combate, no
momento em que alguns boers deixaram a linha mais avançada de entrincheiramentos para irem occupar outra mais
á retaguarda, é que, segundo diz o tenente coronel Frocard
e o capitão Paivin, ([1]) *poderam fazer fogo sobre um inimigo visivel*.

Lemos tambem — «Nada indicava a direcção onde os
defensores estavam embuscados, nem uma cabeça se mos-
trava atravez do matto, nada mais do que uma longa linha
de fumo, visivel a custo, e o crepitar incessante da fuzilaria. O inimigo segundo o seu costume, era absoluta-
mente invisivel, e as suas descargas mortiferas, effectuadas
a 600 metros de distancia, detiveram a marcha da brigada». ([2])

Vemos por estes exemplos que os boers souberam
aproveitar o terreno com habilidade rara, e tão habilmente
o fizeram, devemos accrescentar, que os inglezes foram
illudidos a ponto de cahirem em columna na zona efficaz
dos fogos, 600 metros, distancia esta a que os boers romperam o seu fogo, que causou nas brigadas inglezas, como
não podia deixar de ser, um consideravel numero de baixas.

Foi devido a isso que o coronel Long avançou des-
preoccupadamente com as duas baterias até 600 metros das
posições boers. Devido á mesma causa a brigada da esquerda, Hart, foi apanhada de surpreza formada em columna pelo fogo boer feito a egual distancia.

([1]) **La guerre ou Transvaal** — *L'offensive des boers* — *1.ª parle.*
([2]) **Gilbert** *La guerre Sud-africaine.*

Para evidenciar mais a vantagem de bem aproveitar o terreno para tirar o partido que as polvoras chimicas offerecem, vamos citar tambem outros exemplos colhidos nas batalhas que descrevemos.

Em Modder River, por exemplo, o terreno foi tão bem aproveitado que as patrulhas inglezas davam os boers concentrados em Spytfontein. (¹)

De tal maneira lord Methuen se convenceu d'isso que elle mesmo em pessoa, acompanhado apenas d'um official do seu estado maior, avançou até perto de Modder, correndo o risco de ficar prisioneiro.

Na descripção que fizemos da batalha indicámos a maneira completa como os boers aproveitaram o terreno, mas agora accrescentaremos — «Graças ás arvores e ao matto os boers estavam de tal maneira invisiveis que era impossivel suspeitar a sua presença nas margens do Riet» (²) Assim succedeu realmente, e aqui, como em Colenso, os inglezes foram victimas d'uma surpreza proporcionada pelo habil aproveitamento do terreno. Assim, quando Methuen tomava as suas disposições para passar o rio, é surprehendido por um intenso fogo de artilharia boer. Como estes, porém, não fizeram entrar em acção as suas *mausers*, Methuen concluiu que os boers estavam retirando. Em todo o caso mandou avançar a sua infantaria já desenvolvida e prompta a entrar em acção, mas quando a 700 metros, rompe em toda a linha ao mesmo tempo um fogo intenso completamente invisivel que obriga immediatamente os inglezes a lançarem-se por terra, porque «as balas Mauser choviam, sem que se podesse distinguir de onde ellas vinham». (³) Não sabendo d'onde vinham as balas não se podia fazer fogo senão ao acaso. Assim deve ser e assim foi; «O fogo da sua artilharia e infantaria (ingleza) não teve senão como objectivo a margem norte... (⁴)

O bom aproveitamento do terreno tem, pois, mais esta vantagem. Lord Methuen, no seu relatorio, forneceu-nos dados importantes.

Diz elle — «A's 8 horas e 10 minutos um fogo inespe-

(¹) Frocard e Paivin. pg. 274 e Gilbert, pg. 194.
(²) Frocard e Paivin; obra citada.
(³) Gilbert; obra citada.
(⁴) Gilbert; obra citada.

rado e muitissimo vivo nos mostrou que o inimigo occupava o Riet com grandes forças. Estava completamente occulto. Nós experimentamos n'este momento grandes perdas...».

O correspondente do *Daily Chronicle* accrescenta — «As balas Mauser choviam inteiramente sobre a nossa infantaria e era impossivel distinguir os atiradores inimigos».

Vamos vendo, portanto, não só a possibilidade dos defensores se occultarem totalmente das vistas adversas, mas tambem a grande necessidade de bem aproveitar o terreno. Continuaremos, porém, com as nossas investigações para que as duvidas, se duvidas pode haver, desappareçam por completo.

Passemos em revista o que se passou em Magersfontein. Na propria desçripção que fizemos d'esta batalha vimos a maneira como os boers illudiram os inglezes collocando atiradores fazendo uso da polvora negra no alto do *copje*, para os attrahir, quando cá em baixo estavam boers empregando polvoras chimicas, d'encontro aos quaes se foram esbarrar, porque, diz o correspondente do *Morning Post* — «Nós não podémos conhecer a posição exacta do inimigo e o seu effectivo senão depois d'uma batalha que nos custou grandes perdas e a aniquillação d'uma brigada (combate de noute dada pela brigada dos *Hyghlanders*). E ainda, mesmo hoje, nós possuimos algumas informações sobre a posição dos boers, mas estamos longe de conhecer exactamente o seu effectivo». Quer dizer a surpreza foi completa e formidavel.

Antes de continuarmos devemos dizer mais uma vez que o defensor dotado com as polvoras chimicas e possuido de sangue frio póde á vontade romper o fogo sómente quando muito bem entender. Em Colenso e Modder River já vimos que os boers deixaram aproximar os inglezes até á distancia efficaz do seu tiro. O mesmo fizeram aqui. Os inglezes bombardearam com granadas de lyddite as posições de Magersfontein, o que aliaz foi inefficaz por ser feito ao acaso, e ao qual os boers não responderam porque estavam ainda distantes e preferiram que elles se approximassem e lhe viessem cahir debaixo das mãos.

Vamos finalmente indicar alguns exemplos mais que nos fornece a batalha de Paardeberg. Se a utilidade da fortificação passageira necessitasse de novos argumentos para se evidenciar, bastaria, como exemplo convincente, indicar o que se passou n'esta batalha. Pela descripção que fizemos vê-se Cronge com os seus alliados completamente cercado de todos os lados pelos inglezes que o atacavam incessantemente. Ali vemos 10:000 homens, que por um erro de direcção foram cercados e encurralados por 40:000 n'uma pequena area, collocarem-se ao abrigo das trincheiras e conseguir repellir todos os ataques que lhe fizeram e resistir durante mais de 8 dias ao canhoneio constante de 90 peças.

Perante resultados tão extraordinarios é indispensavel indagar a causa, que aliaz é bem facil de conhecer. Os boers, vendo se cercados, trataram logo de abrir as suas trincheiras, onde se occultaram. O fogo que do campo exterior lhe era feito foi incerto e inefficaz, porque era feito contra alvo pouco ou nada visivel, mas, pelo contrario, como elles viam os inglezes poderam sempre causar-lhe grandes perdas e sustental-os a distancia durante dias, que muitos mais seriam se a fome e a peste não campeassem entre os federados. D'aqui, sem receio de contestação, pode-se tirar a conclusão que a intima alliança do terreno com o tiro fornecem ao defensor, devido ás qualidades das polvoras chimicas e das armas de repetição, um excellente meio de defeza.

Ha ainda uma outra serie de argumentos que nos leva á mesma conclusão. As baixas soffridas pelos boers n'estas batalhas, em que estiveram sempre occultos e bem abrigados com o terreno, estão n'uma grande desproporção com as soffridas pelos inglezes, que combateram a peito descoberto.

Em Colenso as perdas inglezas foram de 75 officiaes e 1:182 sargentos, cabos e soldados, o que dá a percentagem de 7. As dos boers não são ainda bem cohecidas, mas são, comtudo, calculadas sómente em 30 mortos e feridos.

Em Modder River perderam os inglezes 23 officiaes e 462 sargentos, cabos e soldados, o que dá a percentagem de 7,25. As dos boers, tambem ainda incertas, são caluladas em 80 homens.

Em Magersfontein perderam os inglezes 69 officiaes e

902 sargentos, cabos e soldados, ou seja 10 °/o. Os boers calcula-se que tivessem 219 homens fóra de combate.

Na batalha de Paardeberg tiveram os inglezes 104 officiaes fóra de combate e 1:501 sargentos, cabos e soldados. As baixas dos boers são de 240 homens fóra de combate, não entrando n'este numero os prisioneiros.

Em todas as mais batalhas e combates se nota em geral a mesma desproporção.

Perante· estes numeros não se póde deixar de concluir que se os boers tiveram um menor numero de baixas, mesmo ficando vencidos, que foi devido á habilidade com que aproveitaram o terreno, o que permittiu se abrigassem das balas, mas tambem das vistas inimigas. Garante pois o terreno, com o emprego das polvoras sem fumo a dupla vantagem de abrigar o atirador e de lhe furtar o corpo das vistas adversas.

II — *A consequencia de invisibilidade é a causa que provoca alterações mais radicaes nos principios da tactica.*

Depois do que temos dito, do que certamentè ninguem pôde duvidar porque nos firmamos em opiniões de pessoas que presenciaram os factos, é facil de concluir que na tactica haja muito a modificar, e principalmente na nossa ordenança, pois que foi elaborada obedecendo á hypothese da visibilidade dos dois partidos. Reconhecido, como ficou, que esta hypothese é falsa desde que as tropas saibam tirar partido do terreno, das armas e das polvoras, todo o edificio é lançado por terra.

E' pois necessario rever á nossa ordenança e construir novo edificio que assente sobre a hypothese da *guerra invisivel*, que é a phrase moderna que caracterisa os novos combates.

Nós, n'este estudo, não temos a pretensão de indicar todos os pontos que é necessario alterar, não só porque seria tarefa demorada e fadigosa, mas tambem porque queremos tratar d'outros pontos de tactica geral. Dividindo, porém, o nosso estudo por capitulos, em cada um d'elles se encontrará tratado o assumpto a que se referem. Entremos, pois, n'esse estudo, começando pela preparação do ataque, que é o preludio do combate manifestamente hostil.

III — *A preparação do ataque, sempre da maxima importancia, é, devido a isso, d'uma realisação difficil e até impossivel, como chegou a succeder aos inglezes n'alguns combates.*

Devido á maneira habil como os boers se souberam occultar nas suas posições, os inglezes muito poucas vezes conseguiram preparar os seus ataques. Não ignoramos que a maior parte das vezes foi devido a erros dos inglezes e não queremos, por esse facto, converter isso n'um principio geral. Não podemos, não obstante, deixar de concluir que a invisibilidade é um entrave serio á preparação do ataque, porque embora os reconhecimentos sejam completos, difficilmente indicarão as posições exactas do inimigo pelo facto de serem recebidas por um fogo invisivel as forças que os executarem, o que as deixará na perplexidade e na incerteza da verdadeira posição, o que é ainda, de mais a mais, aggravado pela possibilidade de as illudir. Forças que se colloquem em posições avançadas á posição principal podem leval-as á convicção de que a verdadeira posição é aquella que ellas occupam, o que aliás é facil de succeder por vêr que só d'ali se fez fogo e por não se notar indicio algum em posições mais recuadas ou latteraes. Tudo isso é realisavel; depende sómente da habilidade do chefe que optar pela defensiva.

Mas vamos ao caso geral e mais vulgar. O atacante conhece a posição occupada pelo defensor. N'este mesmo caso a preparação é de realisação difficil, porque embora se conheça aquella posição não se póde saber ao certo os pontos guarnecidos, e muito principalmente se o defensor se mantiver em silencio, como fizeram os boers quasi sempre. N'estes casos que valor póde ter o tiro feito a grandes distancias contra um alvo invisivel?

Certamente nenhum, como adeante provaremos, porque ha de fatalmente ser incerto por ser feito ao acaso, por supposições, embora mais ou menos fundamentadas. O tiro executado contra um alvo que não seja bem visivel dá sempre fracos resultados. As proprias experiencias de polygono assim o mostram. Citemos em todo o caso, para evidenciar mais esta grande difficuldade que ha a vencer na guerra, alguns exemplos da campanha sul africana.

Começaremos por Colenso. Pela propria descripção que fizemos da batalha se vê que os inglezes foram sempre avançando até ás margens do Tugela bombardeando todas as alturas que lhe appareciam, mas que, apezar d'isso, foram cahir em columna mesmo dentro da zona efficaz dos fogos, na verdadeira *região da morte*. Dir-nos-hão que isso foi devido aos fracos reconhecimentos offensivos que os inglezes fizeram ou á falta de informações. Para evitar esta objecção vamos transcrever alguns periodos da ordem, assignada pelo chefe do estado maior, Hamilton, que, na vespera da batalha, sir Buller fez transmittir aos commandantes das brigadas.

1.º O inimigo está entrincheirado nos *copjes* situados ao norte de Colenso Pelas informações possuidas, um *campo* importante se encontra perto da estrada de Ladysmith, proximamente a 5 milhas a noroeste de Colenso. Um outro *campo* está estabelecido nas alturas situadas ao norte do Tugela e ao norte de Hlanguane Hill

2.º O general commandante tem tenção de forçar a passagem do Tugela ámanhã.

(Seguem-se depois, tambem numeradas, as ordens ás diversas unidades, muito pormenorisadas.)

D'aqui se vê que Buller tinha exacto conhecimento das posições occupadas, e tanto assim que na vespera e antevespera da batalha, vendo que eram inefficazes os reconhecimentos, mandou bombardear por 8 peças de marinha de grosso calibre as posições boers, mas, como não responderam e como não deram o mais pequeno signal que mostrasse que este fogo os incommodava, sir Buller desistiu de continuar a preparação.

Perante este exemplo pode-se mesmo affirmar que a preparação contra um adversario occulto é perfeitamente inutil e esteril, porque o fogo, por ser incerto, é verdadeiramente inefficaz. O inimigo estava tão occulto que — «Peças e homens estavam invisiveis. Apenas, da margem occupada pelos inglezes, se distinguia, de vez em quando, algum estafetta ou alguma patrulha na planicie á rectaguarda dos *copjes*». (¹)

N'estas condições mal se póde crer na possibilidade da preparação, e muito principalmente quando o defensor tiver a habilidade e força de disciplina para romper o fogo sómente quando o atacante esteja na zona efficaz dos fogos, isto é, quando souber esperar.

(¹) La Guerre sud-africaine; pag. 263

Lancemos tambem uma vista para o que se passou em Modder. Lord Methuen foi aqui infantilmente illudido. As patrulhas e os espiões disseram-lhe que os boers não occupavam Modder, mas Spytfontein. N'esta crença mandou avançar a sua columna, mas logo que se approximou de Modder foi recebido pelo fogo da artilharia boer. Perante esta realidade, a illusão desappareceu e deu ordem para a sua artilheria entrar em bateria para começar a preparação do combate. Dentro de pouco tempo o duello estava travado, mas como ao cabo de duas horas([1]) o fogo da artilheria ingleza não tivesse produzido effeito algum, manda avançar a sua infanteria em ordem dispersa. Porém, como os boers não se importaram com isso, a infanteria britannica foi avançando até que a 600 metros rompe simultaneamente um fogo infernal das posições boers que a obriga a lançar-se por terra, não a deixando nem avançar nem recuar. ([2])

Perante isto não se poderá concluir que é impossivel preparar o combate desde que o defensor esteja abrigado e occulto? Certamente é, e como é possivel occultar-se o defensor, como já provamos, parece de boa logica admittir que é impossivel a preparação. Pelo menos Methuen não o pôde conseguir durante duas horas com o emprego de toda a sua artilheria.

Em Magersfontein os exemplos levam á mesma conclusão, sendo, não obstante, mais concludentes, pois que Methuen, reconhecendo que tinha sido devéras illudido em Modder, procurou aqui ser mais prudente e cauteloso. A má sorte, porém, acompanhava-o, e apesar de muitos esforços não conseguiu ser mais feliz, o que, devemos reconhecer, não foi principalmente causado pelo seu errado proceder, mas antes pela estranha e rara maneira como os boers se portaram e pelo habil partido que souberam tirar das polvoras chimicas e das armas de repetição.

Mas vamos narrar o caso que nos leva a affirmar tudo isto. Methuen, tendo informações pouco exactas das posições boers, mandou a 9 de dezembro effectuar um reco-

---

([1]) L'offensive boer; pag. 281.
([2]) Precis de quelque campagnes contemporaines. Bujac, pag. 434.

nhecimento offensivo contra **Magersfontein,** para o que mandou entrar em acção umas vinte peças, fazendo uso da liddyte, e a brigada de cavallaria. Sendo, porém, esta recebida pelo fogo por umas avançadas boers, teve de retirar immediatamente sem ter colhido informações precisas. No dia seguinte Methuen organisa então um grande destacamento mixto para effectuar o reconhecimento, e que era composto pela brigada de cavallaria, pela brigada dos Hyghlanders, por 3 baterias montadas, por uma a cavallo e por uma de obuses, sendo tudo auxiliado pela *Joe Chamberlain,* de grosso calibre.

Esta parte da columna avançou ás 2 horas da tarde e sendo a cavallaria recebida pelo fogo d'uns commandos boers que estavam á direita, toda a artilheria toma posição e dirige o seu fogo contra os *copjes* de Magersfontein, que produziu o effeito de verdadeiras erupções vulcanicas, mas ao qual os boers não responderam.

Perante este silencio os inglezes concluiram que Magersfontein não podia estar muito guarnecido e commetteram a imprudencia de effectuar um ataque de noute. Como se vê pela descripção que fizemos, a decepção foi então completa. No dia seguinte, necessitando accudir á brigada dos Hyghlanders, entram os inglezes immediatamente em combate, empenhando todas as forças, sem preparação alguma.

Vemos, portanto, que em Magersfontein a preparação foi impossivel, embora se tentasse effectuar com uma força de effectivo consideravel.

Se este exemplo é concludente, o que nos fornece Paardeberg ainda o é muito mais, porque vemos os grandes effectivos inglezes e os heroicos esforços que fizeram quebrados, inutilisados, perfeitamente impotentes durante 8 dias contra os boers que se tinham entrincheirado e que faziam fogo sem ser vistos, enterrados, recolhidos como toupeiras, embora sobre as suas cabeças passassem constantemente os projecteis que lhe arremessavam as 90 peças inglezas.

Perante estes e outros tantos exemplos que podiamos citar não se poderá concluir que a preparação do combate de frente é difficil de effectuar, senão impossivel? Parecenos bem que sim, porque além dos exemplos ha a pura intuição que leva á mesma conclusão. Para isso bastará que o defensor se saiba occultar das vistas adversas e que rompa o seu fogo sómente no momento em que elle seja efficaz. O defensor assim disposto não deve temer o fogo da artilheria, porque este, como adeante provaremos, é in-efficaz desde que não seja feito contra um alvo nitido e bem visivel. Os boers, em todos os combates em que os inglezes tentavam preparar a grande distancia os ataques pela artilheria, lançavam-se ao silencio e, bem occultos, dei-xavam tranquillamente que gastassem as munições. Seja, porém, possivel, seja impossivel, na guerra tudo é admis-sivel, o que com seguro fundamento se deve concluir é que as polvoras chimicas e a boa utilisação do terreno dif-ficultam em extremo a preparação do ataque.

IV — Os ataques de frente são d'uma execução difficil, e mesmo impossivel se o defensor estiver occulto.

Depois do que temos dito é facil de ver que assim seja. Não tendo informações exactas, positivas e seguras da po-sição e dos effectivos do adversario, não podendo effectuar uma preparação do ataque, que abale e obrigue a desmas-carar as intenções, e não tendo finalmente um alvo visivel e saliente sobre o qual se possa fazer fogo, fatalmente o atacante que se encontrar n'estas condições tem a luctar com difficuldades verdadeiramente insuperaveis, porque além de obrar e proceder ao acaso vê-se envolvido por uma infernal chuva de balas que lhe apparecem sem posi-tivamente saber d'onde lhes vem.

Devido a essa incerteza e ao poder das armas moder-nas os inglezes, no Transvaal, foram quasi sempre infe-lizes em todos os combates de frente. Assim os vemos em Colenso sem saberem para onde fazer fogo, porque não viam o inimigo, mas em contraposição, vemol-os subjuga-dos por um fogo invisivel e de tal maneira intenso que os obrigou a larçar por terra.

Em Modder o exemplo foi mais frizante. Não tinham informações do inimigo, não poderam preparar o ataque e quando toda a infanteria avançava para atacar de frente as posições boers, são surprehendidos por um fogo de tal sorte vivo, certeiro e intenso, que «a esta distancia (600 metros) o tiro dos boers torna-se d'uma espantosa intensidade e pre-cisão. As balas Mauser chovem, sem que se possa distin-guir d'onde vêem. Responde-se ao acaso, com esses fogos de descargas tão queridos dos inglezes, mas como os homens cahem ás duzias, como o terreno completamente descoberto não lhes offerece abrigo algum, fazem-n'os deitar por terra» [1] onde, a maior parte, permaneceu o dia inteiro. O correspondente do *Daily Chronicle* accrescenta — «Todo o homem que se levantasse era immediatamente ferido,» o que parece ser verdadeiro porque o fogo foi tão intenso que os proprios inglezes, segundo o *Times* affirma, se encontraram nã dura situação de «cada um dos nossos soldados, cavar, onde se encontrava, um abrigo de atirador com a propria bayoneta». [2]

Já vemos por estes dois exemplos que os inglezes tentaram atacar de frente as posições boers, mas não podendo avançar por causa da intensidade, precisão e justeza do fogo contrario, ficaram na situação de não os poderem vencer pela bayoneta, porque não se podiam approximar.

Magersfontein offerece-nos identicos exemplos e que não vale a pena estar a reproduzir.

Não se julgue em todo o caso que por estes exemplos nós queremos fazer regra geral e condemnar *in limine* os combates de frente. Se nas batalhas que descrevemos não deram resultado é porque os effectivos eram proximamente eguaes e porque os boers tinham d'ante-mão preparado tão prudente como cautelosamente as suas posições defensivas,

Casos ha, porém em que os combates de frente dão resultado. Nos dois primeiros combates de toda a campanha, Glencoe e Elandeslaagt, os inglezes foram felizes talvez devido ao facto de os boers não terem organisado previamente as suas posições.

Houve tambem um combate de frente do qual não podemos deixar de dar uma ideia geral, e com tanto mais prazer o fazemos quanto é certo que já em tempos n'esta mesma Revista indicámos que os combates dados assim deviam ser garantia de bons resultados. No combate de Graspan, que é ao que nos estamos referindo, 7 batalhões de infanteria approximaram-se de noute a 250 metros das posições boers. Com os primeiros alvores são recebidos pelos boers com uma descarga geral e simultanea, que partindo do alto dos *copjes* que ficavam na frente, causa-

[1] *La Guerre Sud-Africaine* — pag. 205.
[2] *La Guerre au Transwaal* — pag. 291.

ram grandes baixas nos inglezes, mas, não obstante, estes desenvolveram-se rapidamente e com as bayonetas nas pontas das armas conseguem levar os boers de vencida.

Não nos deixemos, comtudo, seduzir pelas bellezas e facilidades da theoria apoiada por um exemplo já historico. Como muito bem diz Gilbert.. «Nenhuma operação é mais seductora em theoria, mas nenhuma outra reclama tantos cuidados e condições felizes na pratica.» [1]

Realmente assim é. Para poder executar um combate d'esta natureza é necessario, primeiro que tudo, conhecer muito bem o terreno, os caminhos e as distancias, assim como a posição exacta do adversario que se pretende bater. Se isso faltar, o desastre pode ter consequencias graves, que foi o que succedeu aos inglezes em Stormberg. Tendo, aqui, de fazer durante a noute um trajecto de 14 kilometros em caminho de ferro e um outro a pé de 12 kilometros, foram cahir ao romper do dia d'encontro ao *copjes* occupado pelos boers, que tentaram escalar, como em Belmont, mas que não poderam porque as encostas eram formadas de rochas escarpadas.

Para fallarmos com toda a justiça, como o caso reclama, deve dizer-se que uma das causas que muito contribuiu para que os ataques de frente tentados pelos inglezes não dessem resultados, foi a maneira como os executaram. Os inglezes, verdadeiramente, nunca tinham experimentado um combate em regra; não tinham a experiencia nem a pratica. Devido a isso apresentaram-se no Transvaal fazendo uso da tactica de 70, e, esquecendo por completo as subtilezas que o combate moderno exige, soffreram derrotas formidaveis. Apresentando-se a peito descoberto contra um inimigo invisivel que lhe envia constantemente saraivadas de chumbo, perderam soldados sem limites e officiaes sem conta, porque uns e outros combatiam a peito descoberto, offerecendo por isso um excellente alvo. Assim, expostos, combatendo em massa, não aproveitando o terreno e desprezando os effeitos do tiro adverso, não conseguiram, em geral, levar a cabo um ataque de frente.

De maneira diversa procederam os boers. «Rastejando e sustentando um fogo continuo e d'intensidade progressiva, obtiveram, apezar da desproporção enorme dos effecti-

---

[1] *La Guerre Sud-Africaine,* pg. 244.

vos, uma superioridade cada vez maior [1].» Realmente assim procederam sempre e foi devido a ísso que elles, tomando a offensiva, conseguiram em Farquhar's Farm, Cezar's Camp e Spion Kop, quasi os unicos combates em que tomaram a offensiva tactica, vencer os inglezes. Em Spion Kop executaram uma marcha d'avanço tão habilmente que, diz Gilbert—«Escalaram com toda a segurança as encostas ao abrigo das vistas... [2]» e assim, chegados á distancia efficaz dos seus fogos—«contentaram-se em encerrar a posição ingleza n'um semi-circulo de atiradores embuscados, não obrando senão pelo fogo, mas por um fogo verdadeiramente desencadeado [3]» que foi o bastante para os vencer.

De identica maneira procederam nos mais combates em que optaram pela offensiva. Se os inglezes tivessem procedido com a mesma prudencia e identicas cautellas é crivel que tivessem obtido melhores resultados e é certo que teriam poupado muitas vidas.

Ora n'estas condições, estando o inimigo occulto e tão bem abrigado que não seja possivel destinguir ao certo a posição que occupa, o que é possivel, como já vimos, e tendo além d'isso, de soffrer a acção desmoralisadora d'um intenso fogo invísivel, como se ha-de tentar avançar se esse mesmo fogo obriga os soldados a lançarem-se instinctivamente por terra? De frente certamente não, porque embora se consiga fazer progredir o combate será sómente á custa de muitas perdas.

Os inglezes, cegos pela ignorancia e impulsionados pelo stoicismo da sua raça, abalançaram-se nos primeiros periodos da campanha a esses combates de frente sem effectuarem o mais pequeno movimento sobre os flancos ou envolvente, e soffreram-lhe as duras consequencias. A propria experiencia mostrou-lhe, embora tardiamente, que esse processo se tornava extremamente caro e foi então que elles deixaram essa tactica velha, essa tactica escalonada, para empregarem as linhas extensas que lhe permitissem os ataques de flanco e mesmo o envolvimento com-

[1] *Revue des Deux Mondes,* d'um artigo attribuido ao general francez Negrier—15 de junho de 1901.
[2] *La Guerre Sud-Africaine,* pag 335.
[3] Idem.

pleto do inimigo. Paardeberg foi a primeira batalha ferida n'estas condições. Roberts, conhecendo a causa dos desastres de Colenso, Modder, Magersfontein, Stormberg e o preço porque lhe tinham ficado os outros combates e batalhas em que os inglezes ficaram vencedores, viu a necessidade de pôr de parte as linhas escalonadas e os combates de frente e reconheceu a vantagem de empregar as linhas extensas para effectuar os movimentos envolventes.

Desde então as frentes do adversario foram consideradas quasi como invenciveis e apenas vulneraveis os flancos e a retaguarda, o que a ordenança ingleza, ultimamente publicada, confirma plenamente.

V — Um ataque de frente deve ser sempre combinado com um ataque de flanco.

Julgamos que este principio é verdadeiramente intuitivo, mas, não obstante, diremos alguma cousa que o confirme. Antes de o fazermos, porém, precisamos declarar que os principios indicados para os ataques de frente teem, com força de razão, plena applicação aos ataques de flanco.

Nas guerras de 1866 e 1870 procurou-se sempre o envolvimento estrategico como preludio do envolvimento tactico.

O general Blume, na sua *Estrategia*, diz — «A melhor garantia do successo na offensiva reside na marcha envolvente e simultanea de todas as forças contra a frente e flancos do inimigo».

Dito isto simplesmente, para não ir mais longe em citações, necessitamos dizer, como esclarecimento, que é necessario saber em que altura acaba a estrategia e em que ponto começa a tactica. Dando a nossa opinião, em resumo, diremos que a estrategia deixa o logar á tactica logo que se está em presença do inimigo. Os movimentos executados debaixo das vistas do adversario, mas fóra da acção das suas balas, constituem o que se chama a estrategia-tactica ou estrategia do combate. Vamos, pois, referirmo-nos sómente a esta, porque não temos a pretensão de fazer um estudo de estrategia.

A estrategia do combate ou os movimentos na presença do inimigo como preparação e preludio do combate executados pelos inglezes foram d'uma simplicidade primitiva, rudimentar, pois que se limitaram simplesmente, supposta ou conhecida a posição adversa, a atacal-a de frente, indo direito a ella sem hesitar nem torcer caminho. O resultado, salvo o pittoresca da comparação, foi serem farpeados e passados de *muleta* á vontade e sem grandes incommodos da parte dos boers.

Pelas descripções e transcripções que já temos feito vê-se claramente que os inglezes em Colenso, Modder River, Magersfontein, Graspan, Stormberg etc. etc. desenvolveram em linha na frente das fortes posições fortificadas dos boers sem tentarem sequer nem um ataque de flanco nem o mais pequeno movimento envolvente. Avançando assim, umas vezes em columna, outros sem terem feito a preparação conveniente e aproveitando sempre muito mal o terreno, foram victimados cruelmente pelo fogo boer que lhe era lançado de bom alcance. Não fazendo movimento algum que intimidasse os boers, commetteram os inglezes um erro grave, e tão grave que as consequencias foram bem notorias e funestas.

Ha, porém, uma excepção digna de menção. Lord Roberts, certamente um general habil, avaliando o preço porque lhe tinham ficado as batalhas de Modder e Magersfontein etc. pelo facto de atacar aquellas posições sómente de frente, resolveu tomar uma linha de conducta contraria e envolver os boers mesmo em Magersfontein por Sul e Leste. N'esta ordem de ideias, concebe o seu plano, o unico grandioso que houve em toda a campanha, e dispõe as suas tropas n'esse sentido. Porém, quando ellas estavam em marcha, Cronje retira para Leste e obriga Roberts a modificar o seu plano, não na essencia, mas na forma como devia ser executado. Obedecendo á unica ideia de envolver Cronge, consegue, nas alturas de Paardeberg, que uma divisão se antecipasse aos federados. Sendo feliz n'esta execução, começou logo por collocar Cronje em difficuldades. Como, porém, este esteve hesitante, as columnas de Roberts poderam chegar a tempo proximo da posição dos alliados, executando-se então movimentos em todos os sentidos, devido aos quaes conseguiram envolver Cronje n'um *circulo de ferro*, d'onde sahiu prisioneiro.

Se nos outros combates tivessem os inglezes procedido assim, é facil de ver que embora os resultados não fossem tão favoraveis, pois que nem o podiam ser pela falta de effectivos, deviam ao menos attenuar um pouco as consequencias desastrozas que soffreram.

Isto que estamos dizendo já teve dos inglezes uma sanc-
ção official, e tanto que na sua *ordenança*, recentemente publicada, lemos — «Um inimigo bem armado pode sómente
ser vencido d'uma forte posição envolvendo parcialmente a
sua frente, ou surpreendendo-o com um fogo mais intenso
e certeiro do que o seu e, eventualmente, carregando-o á
bayoneta. Avançar debaixo d'um fogo intenso é, contudo, uma operação longa e difficil».

E n'outro ponto acrescenta : — «E' geralmente essen-
cial que o ataque seja dado simultaneamente contra a frente e flancos. O effeito moral do ataque de flanco é tão
grande que o esforço principal deve ser dirigido contra
qualquer dos flancos do inimigo». [1] Indicando depois,
n'esta ordem de ideias, a maneira de os effectuar.

Se estas disposições já estivessem na ordenança anterior é crivel que não se tivessem abalançado a tanto ataque de frente, mas como procederam segundo os principios da tactica antiga, suffreram baixas sem numero.

Sobre o mesmo assumpto escreve o major inglez Callewell — «A tendencia da tactica moderna consiste no envolvimento do inimigo pelo flanco. A zona perigosa exten-
de-se tão longe da frente da linha defensiva que as tropas
que atravessarem esse espaço estam sujeitas a serem aniqui-
ladas antes que possam chegar ao alcance do adversario,
ou antes, não se podem aproximar a ponto de lhe poderem
fazer mal com o seu fogo». [2] Callewell, porém, ainda não
fica contente com isto acrescenta depois — «Destacamentos
devem avançar formando uma longa linha de maneira a
envolver os flancos do adversario, até que por fim uma
consideravel força possa atacar a retaguarda do adversario», que foi exactamente e que lord Roberts fez em Paardeberg, com notavel resultado.

O proprio Lord Roberts, n'um interessante artigo pu-
blicado na *United Service Magazine*, diz que a marcha em
frente, mesmo havendo possibilidade de encontrar bons
abrigos, só será possivel se fôr protegida por uma nume-
rosa artilheria e por fogos de flanco de infanteria.

Mas se os inglezes não procederam conforme hoje pre-
conisam, os boers, guiados por officiaes extrangeiros mais

---

[1] Infantry training (provisional). —1 902.
[2] Tactics of to day (tactica d'hoje). —1902.

ao facto das exigencias da guerra moderna que a theoria já deixava antever, procederam d'uma maneira bem diversa nas poucas vezes que optaram pela offensiva tactica. Citaremos um unico exemplo que mostre isto mesmo, que nos é fornecido pelo combate de Spion Kóp.

Pela descripção vimos que os boers, logo que souberam que aquella forte posição tinha sido tomada por surpresa pelas tropas britanicas, formaram duas columnas que marcharam direitas á posição. Como reconheciam, não obstante, que era necessario ameaçar os flancos da linha ingleza, foram-se afastando e... «adoptando desde então a mais sabia linha de conducta, contentaram-se *em encerrar a posição ingleza n'um semi-circulo* de atiradores embuscados fazendo sómente uso do fogo, mas d'um fogo verdadeiramente desencadeado». [1]

Quer dizer, trataram de envolver o inimigo para o bater com fogos d'enfiada e para, ao mesmo tempo, lhe ameaçar a retirada. E tanto effeito produziram que os inglezes, vendo-se dizimados e quasi com a retirada cortada, tiveram que abandonar a posição que lhe abria as portas de Ladysmith.

Parece-nos, depois de tudo que fica dito, que temos rasão para pedir que nos exercicios de armas combinadas que entre nós se fazem, se attenda um pouco a estes principios e que não nos limitemos simplesmente a effectuar o contra-ataque sacramental.

VI — Os *avanços successivos* não devem ser executados conforme prescreve a nossa ordenança.

Pela leitura da affirmação ou permissa que estabelecemos se vê a importancia do assumpto de que hoje vamos tratar, porque alterando a forma de avançar, altera-se, evidentemente uma das partes mais importantes da tactica de infanteria. Por isso, vamos fazer o que até hoje ainda não fizemos, que é chamar a attenção dos nossos camaradas para este assumpto; tal é a importancia que lhe damos.

Como já tivemos occasião de dizer, a nossa ordenança foi feita subordinada á hypothese da visibilidade dos dois

[1] La guerre sud-africaine, pag. 340.

partidos combatentes. Além d'isso, embora não seja velha,: quando foi elaborada ainda não eram bem conhecidos os effeitos praticos do tiro e, não os receando, por consequencia, inclina-se mais para a forma geometrica para poder regular os movimentos e ter os homens mais na mão, do que para as disposições tacticas que as evitem. O que é verdade é que ella prescreve como regra geral, se avance por lanços de 5o^m debaixo do fogo contrario. Determina, demais a mais, que sejam executados por companhias, alternando o avanço com o tiro. Ora isto que a ordenança descreve d'uma maneira que parece d'uma execução facil vamos provar que, embora seja possivel, não se deve indicar, d'uma maneira tão generica e simples.

Se hoje, devido a isso, tivermos de entrar em combate, apresentarnos-hia-mos quazi conforme os inglezes se apresentaram no Transwaal, isto é, com os soldados formando uma densa e continua linha de atiradores com os officiaes de pé, avançando por lanços de 5o em 5o metros e executando o fogo por descargas, que foi proximamente a maneira como os inglezes se apresentaram nos primeiros combates, taes como Glencoe, Eandeslaagt, Farquhars Farm etc. Se elles soffreram consequencias funestas e desastrosas, principalmente da parte dos officiaes, pois que esse erro fez com que nas aridas campinas do *veldt* transwaaliano ficasse sepultada uma boa parte da fidalguia ingleza, nós, que seguiriamos os mesmos processos, deviamos certamente soffrer identicas consequencias. Mas não entrando muito por considerações d'esta natureza, por nos parecer desnecessario, passemos adeante e vamos ver como, segundo o nosso fraco modo de ver, se deve proceder para de futuro.

O general Negrier vae-nos esclarecer. Diz elle — «Os inglezes, segundo uma testemunha occular, experimentaram por vezes preceder os lanços por um fogo activo, que interrompiam com o silvo d'um apito. Mas foi reconhecido que este processo não se podia generalisar. Alguns soldados, sempre os mesmos, tardavam em os seguir.» «Então quasi todos os officiaes tomaram por habito enviar para o abrigo que estava na frente os graduados ou os soldados de boa vontade, emquanto que elles vigiavam o movimento do seu grupo. O contagio do exemplo foi sempre uma mola poderosa para mover os homens para a frente. Os retardatarios teem tendencia em se abrigarem no mesmo abrigo em que estavam os seus camaradas que tinham avançado». [1]

Não admira que succeda o que indica o primeiro periodo, porque debaixo d'uma constante chuva de balas o avanço e o abrigo são perfeitamente antagonicos. Será, pois, tarefa facil fazer com que 250 homens abandonem simultaneamente os abrigos que os protegiam á voz ou signal d'um só homem, como prescreve a nossa ordenança, para se exporem a essa chuva de balas, que pode ser tão intensa que lance metade da companhia por terra, como succedeu em Colenso e Modder River? Certamente não é possivel, e perigoso será tental-o. Mas o avanço tem ainda mais outro perigo. Diz o mesmo general Negrier — «Todo o movimento collectivo na linha de fogo provoca um redobramento do tiro do inimigo,» [2] que foi exatamente o que succedeu aos inglezes, que tiveram que estar sempre abrigados com o terreno, porque inglez que se levantasse, para fugir que fosse, era immediatamente morto.

Havendo difficuldade em arrancar os homens dos abrigos que lhe salvam a vida e augmentando a intensidade do fogo mal se mostrem, certamente a marcha em frente, até 800^m como muito bem diz Negrier — «é o problema mais difficil que ha a resolver». Sendo assim pode-se admittir que a nossa ordenança resolva esse problema com tanta facilidade?

Mas, perguntará o leitor, como se ha de avançar então? O proprio general Negrier o diz: — «Foi pela marcha rastejante de pequenas fracções que avançavam até a alguns metros das posições do adversario que os boers chegaram a forçar as passagens defendidas por um effectivo superior ao seu; nunca com os ataques de viva força.» [3] Só assim, evidentemente, se pode comprehender a resistencia ao fogo adverso; rastejando e unindo-se com o terreno o mais possivel de maneira a ter sempre em mira o furtar-se das vistas para evitar que o corpo sirva d'alvo. Como, porém, é necessario fazer fogo e como elle é o principal factor do successo, é indispensavel que á medida que se avança se lhe vá dando uma intensidade progressiva

---

[1] «Revue des Deux Mondes» 15 de junho 1902.
[2] Idem.
[3] Idem.

Os boers procederam assim nos combates em que tomaram a offensiva, isto é, marchando sempre cautellosamente e aproveitando os mais insignificantes accidentes do terreno, atraz dos quaes se poderam esconder, e augmentando ao mesmo tempo, á medida que se approximavam, a intensidade do fogo. Spion Kop, Cezar's Kamp etc., ahi estam a confirmal-o.

Em todo o caso, isto que acabámos de indicar, ainda não altera por completo as disposições da ordenança sobre este assumpto, porque esse processo não condemna por completo os avanços executados simultaneamente por todos os homens da mesma fracção.

Os avanços, debaixo da acção do fogo das armas modernas, não se podem, na maioria dos casos, fazer simultaneamente, mas por pequenos grupos ou, talvez melhor, individualmente. Se nos abalançassemos a affirmar isto sem nos apoiarmos em opiniões auctorisadas seriamos certamente victimas da critica mordaz, mas para o evitar e principalmente para que todos fiquem tranquillos e, cremos mesmo, convictos, vamos mostrar o que sobre este ponto diz a ordenança ingleza [1], que ha pouco tempo foi publicada, como já temos dito, e que contem todos os ensinamentos da campanha sul africana, pois que foi feita sob a alta direcção de lord Roberts.

Diz ella—«Effectuar um ataque debaixo d'um fogo intenso é uma longa e difficultosa operação. Pode usualmente ser effectuado ganhando terreno sómente um ou um pequeno numero de homens ao mesmo tempo, ou p succão d'avanços *de um para outro abrigo* (from one cover to another). A execução d'estes avanços deve ficar ao cuidado da intelligencia dos quadros (leaders). Arescenta mais adeante—«Quando se mude de posição para uma outra posição que offereça melhor abrigo, os atiradores podem-se mover em fila, mas sómente quando fôr ordenado pelo chefe.» Quer dizer, o que na nossa ordenança é a regra geral, na ingleza é a excepção. E dizemos regra geral porque a nossa ordenança, no seu primeiro titulo, prescreve proximamente isto mesmo, mas que nos outros titulos destroe por completo.

Mais longe admittindo os avanços, pois que não po-

---

[1] «Infantry training (previsional), 1092.

dia deixar de o fazer, visto na guerra tudo ser possivel, diz:
«O commandante decidirá se o terreno deve ser atravessado, pelos lanços simultaneos; pelos lanços de homem
por homem (by rusting man by man); rastejando em conjuncto ou independentemente »: [1]

Sem mais transcripções já podemos concluir que a ordenança ingleza não prescreve uma unica, rigida e invaria-
vel forma de avançar, como é racional. Quando se possam
executar os lanços por qualquer fracção não o impede,
mas para os casos em que isso não seja possivel, ou por
não o permittir o terreno ou a intensidade do fogo, prescreve o avanço individual, de homem por homem, depen-
dendo sómente do criterio dos chefes, a quem a ordenança ingleza dá a maxima latitude e liberdade da acção.

Não se julgue comtudo que essas ideias teem sómente
acceitação na Inglaterra. Na França estam tendo um grande numero de adeptos e se o não são todos é devido á
desconfiança com que a principio se olhou para os ensinamentos da campanha transwaaliana. A opinião do general
Negrier já atraz tivemos occasião de ver qual era, mas
agora vamos reforçal'a com a do general Langlois. Este
distincto escriptor militar, que é actualmente o commandante do corpo d'exercito de Nancy, tem um methodo especial que este anno poz em pratica a que chama *manobra de infiltração*, que vamos dizer em poucas palavras o
que seja para vermos que é uma manobra identica á pres-
cripta pela ordenança ingleza. «Consiste ella em destacar
para a frente um homem das extremidades de cada fracção que esteja na linha de fogo. Estes homens avançam
rastejantes aproveitando o melhor possivel o terreno até
nova distancia, de 20 a 3o metros, onde se deitam e d'onde continuam o fogo que successivamente vão sendo seguidos pelos outros que ficaram á retaguarda.»

Como se vê, a manobra de infiltração do general Langlois está bem em desharmonia com os nossos avanços successivos.

Ha ainda, porém, um outro ponto a considerar que se
nos afigura de grande importancia. A nossa ordenança,
prescrevendo em geral avanços por lanços simultaneos, não
podia deixar de admittir que o soldado se levante para o

---

[1] Pag. 171.

fazer, mostrando assim o corpo e offerecendo, por consequencia, um grande alvo. Eis, segundo nos parece, um outro ponto a modificar, pois que está provado pelos exemplos a que já nos temos referido que isso é completamente impossivel debaixo d'um f g intenso. E' necessario esquecer que hoje é a visibilidade a unica cousa que atrae o fogo e não como antigamente, que se dizia que era o fogo que atrahia o proprio fogo. Desde que é possivel o *combate invisivel*, o mostrar o corpo é incontestavelmente um erro grande e perigoso.

E' para evitar isso que a manobra de infiltração permitte os avanços individuaes, pois que estes serão executados por homens que não marcham, mas que rastejam, ligando-se com o terreno o mais possivel, pois que só assim, e aproveitando bem os accidentes do terreno, é que se poderá furtar o corpo das vistas do adversario.

A marcha rastejante tem o contra de tornar os avanços demorados e de evitar, em geral, que os homens que lhe ficam proximos possam fazer fogo, mas estes contras ficam sem valor desde que se diga que os combates teem de levar muitas horas, e mesmo dias, que os homens que ficam sem fazer fogo se vão preparando para avançar, vão estudando o caminho que hão de seguir e o abrigo que hão de occupar emquanto os seus camaradas chegam á nova posição e rompem o fogo.

Os avanços rastejantes teem mais outra vantagem. Sob a acção do fogo intenso os graduados não podem estar de pé e difficilmente poderão andar a vigiar e fiscalisar os seus subordinados. N'estas condicções a melhor forma de guiar os atiradores é escolher um grupo de soldados intelligentes, os quaes devem ser sempre os primeiros a avançar e escolher posição sob a direcção dos quadros. Feito isto, os demais terão sómente que seguir estes e vir occupar a mesma frente. Para os arrastar lá está o exemplo e emulação a que se refere o general Negrier.

Para conseguir isto, porém, é necessario que o soldado esteja muito bem instruido, que tenha uma grande comprehensão dos seus deveres civicos e militares e um espirito de iniciativa muito desenvolvido, isto é, é indispensavel que não receba uma instrucção que o converta n'um automato, mas, pelo contrario, que o ensine a proceder e obrar por si, seguindo os exemplos dos chefes e dos seus camaradas.

VII — Só é possivel executar os assaltos quando o inimigo começar a abandonar a posição, e, portanto, só quando o fogo adversario enfraquecer.

E' tambem uma affirmação que de forma alguma se pode apresentar como absoluta e d'uma maneira geral. Tudo tem as suas excepções, e muito principalmente na guerra. Em todo o caso para reconhecer a verdade do principio sobre que esta affirmação assenta, bastará lembrar o poder dos armamentos modernos. Mas, se á potencia d'esses armamentos juntarmos ainda o valor das fortificações e o partido que do seu judicioso emprego se pode tirar, e, mais ainda, se considerarmos tambem o facto da posição defensiva ter sido organisada de antemão, é facil de concluir, mesmo *á priori*, que, em geral, não deve ser nada facil ir de baioneta armada contra um adversario n'estas condicções. Além de tudo isto, que são factores geraes, importantes e conhecidos, temos ainda a considerar, devido á polvora sem fumo, a invisibilidade das tropas que se pretendem desalojar, que é uma das revelações mais importantes da campanha anglo-boer.

Quem escreve sobre assumptos d'esta magnitude, pois é um dos problemas mais capitaes da tactica moderna, tem restricta obrigação de encarar a questão por todos os lados. Segundo nos parece, o problema presente pode ser encarado por dois prismas diversos. Um, é o caso do defensor estar em inferioridade numerica ou o caso de não ter tempo de organisar defensivamente a sua posição. O outro é o caso contrario, isto é, o caso do defensor ter effectivo egual ao atacante ou as posições defensivamente organisadas.

Para o primeiro caso a affirmação generica que estabelecemos não tem grande applicação, ou por outra, não é muito verdadeira, o que, aliás, se comprehende bem, pois que não havendo tempo de organisar defensivamente a posição, não se pode aproveitar das vantagens das fortificações, mal se poderá tirar partido da propriedade da invisibilidade, além de que se será esmagado pelo numero, que é sempre um factor muito attendivel.

Para confirmar isto mesmo e com o fim de evitar interpretações erradas, citaremos o combate de Glencoe e Elandeslaagt. No primeiro os inglezes foram atacados pelos boers, mas tendo estes, logo que se iniciou o combate, tomado á pressa posições defensivas, os inglezes optaram pela offensiva e de marcha em marcha e de lanço em lanço conseguiram, com o auxilio da arma branca, desalojar os boers das posições que tinham occupado. No caso presente os effectivos dos contendores eram aproximadamente eguaes, mas os boers é que não tiveram tempo de construir as suas trincheiras, o que deu origem a que os inglezes vissem logo os pontos que tinham que atacar. .

No combate de Elandeslaagt os boers tiveram tempo para abrir alguns abrigos, quasi apenas os necessarios para protegerem a artilheria. Devido a isso e ao effectivo, que era inferior ao dos inglezes, foram tambem vencidos.

Dito isto, para mostrar que na guerra tudo é possivel e nada absoluto, diremos que estes, e mais outros exemplos que podiamos citar, não passaram de pequenos combates em que os boers não empregaram grandes esforços.

Posto isto passaremos ao segundo caso, que é ao que principalmente se refere a affirmação que estabelecemos.

Para o confirmar com factos indicaremos as batalhas principaes que se feriram, taes como Colenso, Modder River, Magersfontein e sobre tudo Paardeberg.

Na primeira, como se vê pela propria descripção que fizemos, os inglezes empregaram grandes esforços para se approximarem das posições boers, mas vemos que, logo que estes abriram o fogo, não poderam dar mais um passo para a frente. N'esta batalha os effectivos eram proximamente eguaes. A superioridade que os boers tiveram foi-lhe dada, incontestavelmente, pelo tempo que tiveram para organisar as bellas posições que occuparam.

Identico exemplo nos fornece Modder River. As duas brigadas inglezas, com o fim de atacarem as suppostas posições boers, formaram em ordem dispersa e, apezar do fogo que a artilharia boer lhes fazia, conseguiram approximar-se até 600 metros. Quando porém ahi, rompe o fogo da infanteria boer, de tal maneira intenso, que os obrigou a permanecerem por todo o dia na mesma posição. Como confirmação, demos a palavra a Gilbert. Diz elle — «Não irão mais longe... arrastados pelo exemplo dos seus officiaes, as melhores tropas tentam exforços parciaes. Os Scots, chegados a um fosso secco, onde encontram refugio, apenas tentam sahir, perdem logo metade do seu effectivo e são obrigados a bater immediatamente em retirada, abandonando as suas metralhadoras desmontadas. O 1.º batalhão dos Coldestrims, que lhes serve de apoio, avança para os sustentar, mas é obrigado a lançar-se por terra. Ao centro, os granadeiros e o 2.º batalhão dos Coldestrims não poderam sequer seguir o movimento e ficaram a 700 metros do rio. A' esquerda, a 9.ª brigada não teve melhor sorte... Por toda a parte parece que uma saraivada de chumbo lança os homens por terra, cahindo sobre elles mal faziam menção de se levantar» [1].

Mas, appetece perguntar, tendo os inglezes um inicio tão nefasto porque é que conseguiram n'esta batalha vencer os boers? A resposta é simples e ao mesmo tempo a confirmação plena da affirmação que estabelecemos.

Esta batalha começou de manhã cedo e durou todo o dia, mas como á tarde um grupo de orangistas abandonou a posição que defendia, e sendo, além d'isso, seguidos por outros grupos, o fogo boer tornou-se na sua ala direita quasi nullo. Devido a isso, os inglezes poderam avançar e chegaram mesmo a escalar as posições adversas, levando de vencida e sem grandes difficuldades os poucos boers que restavam.

Se o fogo boer continuasse sempre com a intensidade das primeiras horas, certamente os inglezes não podiam sahir da dura situação em que tinham sido lançados.

Outro tanto podemos dizer de Magersfontein, em que os Gardons chegaram a 300 metros das posições boers, não lhes sendo possivel, apezar d'isso, executar um assalto porque o fogo não permittiu que se levantassem sequer, embora se desse o extranho facto de serem fortemente apoiados pela artilheria.

Mas se estes exemplos são eloquentes, o facto de 40:000 homens não poderem em Paardeberg levar de vencida 10:000, falla bem mais alto e é certamente a revelação de qualquer cousa que deve prender a nossa attenção. Em Colenso e Magersfontein os inglezes retiraram porque o simples fogo dos boers os obrigou a isso. Em Modder venceram e chegaram a dar o assalto porque os boers retiraram em parte, enfraquecendo, portanto, a intensidade do fogo. Em Paardeberg, apezar de estarem na proporção de 1 para 4, os inglezes, mesmo empregando grandes exforços nos differentes sectores do *circulo de ferro* que envolveu

---

[1] Gilbert. La guerre sud-africaine.

os boers, não conseguiram vencel-os nem com o fogo, porque estavam abrigados, nem com a bayoneta, porque de longe se defendiam com o tiro. Os esforços geraes e os assaltos parciaes foram quebrados pela resistencia tenaz dos boers.

Não será pois verdadeira a affirmação que estabelecemos?

VIII — O fogo, tanto o da infanteria como o da artilheria, é de effeitos nullos se o adversario conseguir mascarar a sua posição, o que é possivel.

Parece á primeira vista um contra-senso estabelecer uma affirmação d'estas depois de serem conhecidos os progressos que se teem realisado nos armamentos. Não o é e pode-se mesmo dizer que é uma consequencia, não verdadeiramente da couraça contra o canhão, mas antes da applicação d'aquella contra os effeitos d'este.

Como já tivemos occasião de mostrar, é possivel ao defensor mascarar a sua posição desde que faça uso da polvora sem fumo e da fortificação. Pelos exemplos que apresentámos vimos mesmo que o atacante podia ser illudido de forma a ser levado a commetter erros funestos, pois que occultando o defensor a sua posição, fica na contingencia de atacar por supposição e ao accaso. N'estas condições o tiro tem de ser incerto por não ser feito contra um alvo preciso, um alvo visivel e saliente, e, portanto, os seus effeitos são fatalmente nullos ou de pouco valor.

A dedução logica dos factos que já apontámos leva-nos a tirar esta conclusão, plena confirmação do que pretendemos provar. Mas como a logica pode ser muitas vezes encarada como uma gymnastica de espirito, apresentaremos opiniões e factos concludentes dos quaes não se possa duvidar.

Primeiro que tudo confirmaremos a nossa affirmação com a opinião do major Callwell, que combateu no sul da Africa. «O effeito, diz elle, das granadas com balas contra tropas bem abrigadas não é grande. O fogo mesmo da artilheria de grosso calibre e obuses, não sendo extraordinariamente intenso, não causará damno muito sério a uma linha dispersa de infanteria abrigada atraz de rochas e matto ou de entrincheiramentos. [1]

---

[1] Tactics of to-day — Callwell.

E' esta uma verdade que hoje ninguem contesta. Além das vantagens que se podem tirar da invisibilidade, ha mais o facto de que os fogos contra tropas abrigadas, mesmo com ligeiros movimentos de terras, são quazi nullos. A artilheria de campanha, geralmente em uso é impotente contra tropas assim collocadas. Para supprir esta defficiencia recorre-se aos obuses, que lançam os projecteis com um maior angulo de queda. Os inglezes empregaram-os, e muito embora a theoria garanta os seus effeitos, a pratica não os confirmou plenamente. As experiencias allemãs tambem não teem dado grandes resultados. Pode-se pois dizer que a infanteria abrigada está perfeitamente incolume.

Posto isto, citaremos tambem alguns exemplos que venham em nosso auxilio.

O que primeiro salta á vista é a desproporção do numero de baixas, a que já tivemos occasião de nos referir. Se o tiro inglez tivesse sobre os boers, que estavam abrigados e occultos, tanto effeito como o d'estes teve sobre elles, que combateram a peito descoberto, o numero de baixas da parte dos boers teria fatalmente sido bem maior.

Mas passemos ainda a factos mais positivos, pois as baixas podem ser attribuidas a outras causas.

O insuccesso da batalha de Modder Rever é attribuido á falta de objectivo com que foi dirigida e executada, pois que, não se sabia como proceder nem sobre quem executar os fogos. Os boers estavam occultos, perfeitamente invisiveis. Devido a isso, a artilheria ingleza não pôde mesmo preparar o combate. [1]

Em Magersfontein succedeu outro tanto. O combate durou um dia inteiro, os effectivos eram proximamente eguaes, mos embora a infanteria e a artilheria inglezas empregassem esforços incessantes contra os boers, que não possuiam artilheria, foram obrigados a retirar. O fogo dos alliados feito detraz das trincheiras que tinham levantado, foi o bastante para os vencer, embora contra elles se empregassem obuses carregados com lyddite, o que confirma plenamente a opinião de Callwell.

Mais um outro facto, certamente mais eloquente. Na batalha de Paardeberg os 4:000 boers que se acharam durante oito dias mettidos dentro do apertado *circulo de*

---

[1] La guerre sul africaine.

ferro que lhe formaram os 40:000 inglezes, foram sempre bombardeados durante esses dias por 90 peças e as-
saltados, quer total, quer parcialmente, pela infanteria ingleza. N'estas condições parece que a superioridade numerica tinha direito a vencer. Pois não succedeu assim,
e a razão não pode ser outra senão a causa que nos levou a estabelecer a premissa que estamos desenvolvendo,
isto é, a causa foi motivada pelo facto dos boers terem
mascaradas as suas posições de tal forma que as torna-
ram invisiveis, resultando d'aqui, como aliás não podia deixar de acontecer, ser incerto o fogo inglez por ser feito
ao accaso e, por consequencia, nullos os seus effeitos. E de
tal maneira o foram que lord Roberts, tomando o commando no segundo dia, «esclarecido pelo insuccesso do dia
anterior resolveu não se expor a outro ataque de viva força, mas proceder como n'uma praça forte...» [1] o que
constitue um facto quasi unico e sem precedentes. E tudo
pelo facto dos boers saberem mascarar as suas posições
de tal forma que os inglezes atiravam ao accaso, o que só
por si é o bastante para tornar nullo o effeito do tiro.

D'este facto devemos tirar uma conclusão, pois não sabemos o que admirar mais, se a pericia do tiro dos boers
se a sua habilidade em se occultarem das vistas inimigas.
Pelo facto a que nos estamos referindo, e pelo conhecimento de todos os que já temos apontado, não podemos
deixar de concluir que os principaes factores da victoria
não residem sómente na pericia do tiro, como querem uns,
nem nas propriedades manobradouras das tropas, como
querem outros. A nós, dando a cada um d'estes factores o
valor e importancia que merecem, quer-nos parecer que
não cahiremos em erro se dissermos que o saber occultar
a posição que se occupa, principalmente na defensiva, tem
um valor identico, senão superior, a qualquer d'aquelles.
Bem sabemos que este modo de ver vae contrariar os par-
tidarios da manobra e os apologistas do tiro, mas o estudo dos combates da campanha anglo-boer arreiga-nos esta
convicção de tal forma que a apresentamos desassombra-
damente e que a defenderemos em toda a parte.

Se pela manobra nos aproximamos do inimigo e se pelo

[1] Gilbert, — La guerre sud-africaine — e Frocord e Paivim — La
guerre au Transvaal.

tiro o anniquilamos, pela propriedade de bem occultarmos a nossa posição conseguiremos, pois, furtarmo-nos á acção do fogo adverso, isto é, se a manobra e o tiro são os elementos offensivos, a lança dos tempos passados, o abrigo, que nos occulta das vistas, é o elemento defensivo, o escudo, a couraça que nos resguarda do golpe.

Ensinem-se pois as tropas a usar d'aquellas lanças, mas não deixe de se lhes ensinar tambem a maneira de fazer uso d'este escudo.

IX — O fogo de infanteria é efficaz ás grandes distancias. Comtudo a maxima efficacia começa a 800 metros.

Esta affirmação que estabelecemos é perfeitamente conhecida. Sobre este assumpto pode-se mesmo dizer que não ha divergencias. Nós, porém, se nos referimos a elle é simplesmente para corroborar com exemplos recentes o que está radicado no espirito de todos. De mais a mais é sempre conveniente lembrar os principios verdadeiros e reconhecidos como tal e muito principalmente os que teem a importancia como este a que nos estamos referindo.

Ha quem sustente que a maxima efficacia dos fogos da infanteria começa a 1:000 metros. Não o contestamos nem mesmo isso vale a pena, por ser tão insignificante a differença.

Se entrarmos pois na enumeração dos exemplos que promettemos, devemos começar pelo combate de Colenso, que foi o primeiro em que os boers mostraram serem conhecedores d'esta verdade. Como tinham as suas posições organisadas defensivamente e como os inglezes se aproximaram sem terem um exacto conhecimento d'essas posições, os boers, sempre astuciosos, deixaram que elles se approximassem a uns 800 metros para os receberem depois com um fogo intenso.

Outro tanto fizeram em Modder, Graspan, Calesberg Magersfontein etc., pois que tiveram sempre em vista não desperdiçar as munições. E realmente assim deve ser, porque com as armas de repetição não são necessarios muitos minutos para lançar sobre o adversario uma tal saraivada de chumbo que o aniquille por completo, e, sobre tudo, quando se conta com um bom campo de tiro e com a protecção dos entrincheiramentos. Sobre este assumpto escreveu ultimamente o general Bonnal. [1]

«A potencia da arma actual leva a distancia normal do combate da infanteria a 800 metros proximamente, em logar de 400^m como em 1870 e de 600^m quando se empregava a arma modelo 1874».

X — A polvora sem fumo limita immenso o emprego da artilheria.

XI — O fogo da artilheria só produz effeitos consideraveis e temiveis quando executado sobre massas óu alturas bem visiveis.

Vamos tratar d'estas duas questões juntamente porque ha entre ellas uma intima ligação, sendo a segunda quasi que uma consequencia da primeira.

Pelo que já temos dito é facil de concluir que a polvora sem fumo limite e difficulte o emprego da artilheria pelo facto de permittir que o adversario se furte ás vistas inimigas, deixando, portanto, a artilheria sem alvo visivel e sem pontos de referencia de valor e confiança. Esta consequencia da polvora sem fumo, que exerce influencia na applicação de todas as armas, tem um valor muito maior na artilheria do que na infanteria pela razão de ser empregada a maiores distancias, havendo, por consequencia, menos probabilidades de ver o alvo. Além d'isso ao fogo da artilheria responde geralmente a artilheria contraria, que já por si offerece um alvo menor do que a infanteria por occupar frentes menos extensas.

De resto são os proprios factos que o comprovam, como vamos ver. Diz uma testemunha occular [2] «que as granadas inglezas não prejudicavam os boers emquanto estes se conservavam abrigados». Ora, para fazer com que elles não se conservassem abrigados era necessario lançar para a frente a infanteria para os forçar a fazer fogo e mostrarem-se. E' então que a artilheria pode com mais garantias de successo desempenhar o seu papel.

Sem a infanteria entrar em acção, as forças adversas, principalmente se optarem pela defensiva, poderão deixar de responder a esse fogo da artilheria, como tantas vezes fizeram os boers, e, n'estes casos, succederá o que então

---

[1] Callwell — Tactics of to day.
[2] Journal des Sciences Militaires, março de 1903.

succedeu. «Todos os tiros da artilheria ingleza eram dirigidos, com effeito, contra os vertices das *copjes* onde granadas de lyddite produziram, em pura perda, verdadeiras
erupcções vulcanicas». [1]

Outro tanto, porém, já não succedeu na batalha de
Colenso em que a artilheria ingleza reduziu ao silencio em
pouco tempo a artilheria do forte Wylie por este lhe offerecer um excellente alvo, facto que não se tornou mais a
repetir.

O proprio Gilbert [2] nos diz nas suas considerações finaes que — «a granada com balas é inefficaz contra a infanteria abrigada atraz das suas trincheiras; para attenuar
sensivelmente os seus effeitos basta que a infanteria esteja
deitada; para os annular completamente basta que se abri-
gue atraz d'um simples monte de terra. A mochila do soldado, algumas fachinas, constituem já elementos muito
appreciaveis de protecção», o que nos parece bastante claro
para provar as permissas que formulámos.

XII — A artilheria não deve ser empregada em massa.

Os tempos aureos da artilheria em massa parece esta
rem passados. A não ser para casos muito especiaes é
raro ver mesmo escriptores modernos que aconselhem o
seu emprego.

Os boers nunca concentraram a sua artilheria; antes a
preferiram empregar disseminada pelos diversos pontos da
linha de combate. Na propria descripção dos combates
que fizemos se vê d'uma maneira geral como por elles foi
distribuida.

Varias são as razões que militam a favor da divisão
da artilheria. São ellas: — 1.ª Permittir maior facilidade na
escolha das posições; 2.ª Garantir a melhor occupação
dos abrigos naturaes; 3.ª Facilitar os fogos convergentes;
4.ª Diminuir a possibilidade das peças serem descobertas
pelo inimigo; 5.º Augmentar ao inimigo a difficuldade em
calcular a força real da artilheria que tem na sua presença.

Todas estas vantagens, resultantes, quasi todas ellas,
do emprego da polvora sem fumo, reforçadas com os me-

---

[1] Gilbert — La guerre sul-africaine pag. 227.
[2] Gilbert, idem.

lhoramentos e innovações introduzidos no material de artilheria, que tanto lhe teem augmentado o seu poder destructivo, são verdadeiramente dignas de serem ponderadas.

O general Langlois, reconhecendo que o emprego da artilheria em massa não é recommendavel, estabelece uma verdadeira formula de transição, que, bem empregada, pode levar com facilidade ao emprego em massa ou á disseminação da artilheria. Essa formula é definida pelas *baterias de surveillance,* que nem são baterias collocadas em reserva nem na linha de fogo, mas em pontos apropriados que permittam *vigiar* a marcha do combate e entrar em acção na occasião e local apropriados.

Na Inglaterra a ideia da disseminação da artilheria está predominando, pois que até se teem distribuido ultimamente pela infanteria, por emquanto a titulo de ensaio, algumas peças de tiro rapido pom-pom.

N'este paiz houve mesmo quem chegasse a aconselhar a ideia de acabar com a artilheria regimental e passar toda a artilheria de campanha a ser affecta aos regimentos de infanterta. A ideia é arrojada e presta-se evidentemente a vastas considerações, que não faremos de animo leve. Diremos simplesmente, como recordação historica, que se a ideia vingasse voltariamos á artilheria regimental do tempo de Frederico Grande.

XIII — **A infanteria tem condições de se poder furtar ao tiro da artilheria.**

Segundo a experiencia da campanha transvaaliana, a infanteria abrigada, principalmente das vistas da artilheria contraria, pouco tem a recear do seu fogo. Esta garantia tem, porém, sómente plena applicação na defensiva, em que as tropas se podem conservar quasi inmoveis, mas n'esta situação é esta verdade tão grande que é necessario mesmo pôr de parte a artilheria de campanha, por ser improficua, e recorrer ao emprego dos obuses, que permittindo bater as posições contrarias com um grande angulo de queda, offerecem garantias de se poder alcançar a infanteria abrigada. Para isso, em todo o caso, é necessario que esta se mostre, pois que, como já anteriormente provámos, se a infanteria se souber occultar, se souber aproveitar bem os accidentes do terreno, pode deixar a artilhe-

ria contraria sem alvo nitido e até sem pontos de referencia. O aproveitamento e utilisação do terreno teem,
pois, uma importancia tão grande que se pode dizer que
é sobre este assumpto que devem convergir todos os esforços dos officiaes de infanteria, porque se se pode dizer
que a infanteria *occulta* pode tirar um grande partido da
sua situação, tambem se pode acrescentar que a infanteria
descoberta fica em manifesta desvantagem.

As formações que a infanteria deve adoptar sob a acção do fogo da artilheria não os indicaremos aqui por serem conhecidas e estarem fóra da indole d'este estudo.

XIV — O fogo da infanteria é efficaz durante o noute ás pequenas dis
tancias.

XV — Os combates de noute devem ser executados por um grande numero de pequenas frações de tropa.

Poucas ou nenhumas são as experiencias que n'este
sentido se teem feito nas polygonos e campos de tiro. De
pouco interesse seriam ellas, valha a verdade, pois que,
não havendo luz, não se pode distinguir o alvo, sem o
qual não se deve fazer fogo. Sendo isto, portanto, um facto
positivo e uma verdade, nullo seria tambem o seu valor.

Da campanha transvaliana, todavia, podemos tirar alguns ensinamentos n'este sentido que nos poderão illuci-
dar um pouco sobre o valor de fogo de noute. Os exemplos mais frisantes, e mesmo os unicos que merecem ser
mencionados, são o que nos fornece o combate de noute
executado pela brigada dos *Highlanders* ás posições de
Magersfontein [1] em que soffreu baixas enormes causadas
pelo fogo dos boers, e o combate de Stromberg. Não foram, contudo, essas baixas devidas sómente á efficacia que
o fogo possa ter ás pequenas distancias durante a noute,
mas principalmente ao facto dos boers deixarem approximar os inglezes a uns 200 metros, rompendo então o fogo
inopinadamente, e principalmente ao facto d'estes se apre-
sentarem em formações muito compactas.

O que, porém, é uma verdade, é que os inglezes, apezar
de escolherem a noute para attenuar a acção do fogo boer,
soffreram mais damno do que se realmente combatessem

_____

[1] Vide descripção d'este combate, pag. 29.

de dia. Não se ·deve, não obstante, deprehender que os combates nocturnos são mais prejudiciaes e mais perigosos do que os combates diurnos, porque o insuccesso d'este combate foi, primeiramente, devido á má direcção e á pessima execução com que foi levado a cabo, e, em segundo logar devido á acção do fogo feito a pequenas distancias.

Podemos pois tirar já uma conclusão verdadeira. E' que o fogo de noute é efficaz ás pequenas distancias e contra tropas em formações compactas, conclusão que é tanto mais verdadeira quanto é certo a noute estava escura e cheia de trevas densas causadas. pelas nuvens que de vez em quando se desfaziam em fortes aguaceiros.

Uma outra conclusão que se deve tirar é a que nos diz que os combates de noute devem ser executados por um grande numero de pequenas frações; como muito bem indica o major Chevalme [1] e o major general Bengough [2]

A nossa ordenança, embora muito prolixa, dá comtudo, orientação bastante sobre este mesmo assumpto.

Uma terceira conclusão que se deve tambem tirar, é que os combates de noute não sendo bem executados são mais perigosos para aquelles que os empregam do que para aquelles contra quem são dirigidos.

XVI—Os reconhecimentos militares são da maxima necessidade. Os aerostatos dão fracos resultados.

Tudo que se diga para encarecer o valor, importancia e necessidade dos reconhecimentos militares é sempre pouco. Com o emprego das armas de longo alcance, das polvoras sem fumo, dos modernos equipamentos de campanha ,e segundo as theorias modernas que levam á *guerra invisivel* e que tanto se vão radicando no animo de todos, os reconhecimentos militares, que ponham ao facto da situação do inimigo, são o unico meio com que se pode contar para dirigir as mais simples operações.

Os inglezes não os executaram com grandes cuidados nem com grande pericia, o que os levou a cahir em erros crassissimos e ciladas perigosas e funestas. Indicar aqui alguns d'esses erros para enummerar as vantagens, seria

---

[1] La guerre de nuit.
[2] Notes and reflections on the boer war.

repetir o que já por mais d'uma vez temos dito. Agora diremos simplesmente que elles constituem o papel mais importante que a cavallaria pode desempenhar. Para este assumpto chamamos mesmo a attenção dos nossos cavalleiros.

Nos reconhecimentos empregaram os inglezes, n'uma escala bastante elevada, as balões captivos. Ó proprio general Baden-Powell fez umas interessantes observações das quaes se deprehende não serem muito importantes os resultados colhidos.

Diz elle que se empregaram exclusivamente com fins puramente tacticos. Em geral o balão eleva-se a grande altura, ficando portanto muito distante das posições enimigas, mas se assim não fôr pode ser alcançado pelas balas das armas modernas. Em Magersfontein empregaram um balão que se elevou a mais de 7:000 metros das trincheiras boers. E' evidente que á distancia de 7 kilometros fracas foram, como não podiam deixar de ser, as observações feitas.

Se não tivesse subido tanto, embora ficasse na contingencia de ser alcançado, poderia ter observado melhor as posições enimigas e a artilheria ingleza não teria incurrido no erro de suppor que os entrincheiramentos boers estavam na base das collinas que bruscamente se elevavam sobre a planicie em que manobrava o exercito inglez, quando, pelo contrario, se notou depois que estavam mais á frente, onde, devido a esse erro, se foi esbarrar a infanteria ingleza.

Todas as mais vezes que se empregaram, á excepção do cerco de Ladysmith, tambem não deram resultados satisfatorios, o que nos leva novamente a appellar para a missão da cavallaria, que continua sendo a arma verdadeiramente encarregada d'esses serviços.

XVII—A defensiva, devido ás propriedades da polvora sem fumo, offerece notaveis vantagens sobre a offensiva.
XIX—A defensiva, porem, só offerece notaveis garantias de successo quando é seguida d'um vigoroso contra-ataque ou perseguição energica.

É' este um dos assumptos que só por si daria materia p   um volume para ser tratado com o desenvolvimento devado.

Depois de cada campanha tem vindo quasi sempre á

tella da discussão o estudo comporativo da defensiva e da offensiva. Mas se algumas vezes isso succedeu e se a discussão se tornou acalorada, foi na occasião e principalmente depois da campanha transvaliana, discussão que ainda hoje subsiste, o que foi motivado pela attitude essencialmente deffensiva em que sempre se mantiveram os boers. A historia d'essa discussão seria longa se a quizessemos fazer, embora ella ainda esteja na ordem do dia.

Na presente occasião, como quasi sempre tem succedido, acabam por triumphar os campeões da offensiva. E realmente assim deve ser nos exercitos fortes e vigorosos pelo seu numero, instrucção e disciplina, que se sentem com forças vitaes para emprehender uma acção decisiva. De mais, se o acção do fogo pode ser mais vantajosa na defensiva, na offensiva, em contraposição, ha a força moral, que é o apanagio d'aquelles exercitos, e a acção livre e independente que lhe é facultada por aquellas qualidades, que lhe são sempre peculiares. E realmente, dizer a um exercito n'aquellas condições que se limitasse a um papel defensivo, expectante e subordinado, seria o mesmo que impôr ao leão bravio que se convertesse em um cordeiro manso. Era positivamente um contrasenso, porque as vantagens tacticas são, com garantia, sobrelevadas pela acção do numero cahesão e influencia da força moral.

E' por estas razões, bem ponderaveis, por certo, que os francezes e allemães, que se sentem com forças para tomar uma acção decisiva, não podem tolerar a ideia da defensiva. Os francezes, principalmente, repudiam essa ideia e é frequente mesmo ver referencias n'esse sentido, tomando sempre por base o proprio caracter do povo, que sendo ardente e exaltado como é, não se poderia limitar a um papel meramente defensivo.

Para os povos n'estas condições achamos tambem ser proferivel a offensiva, mas para o nosso, que não é tão ardente nem exaltado como o francez, quer-nos parecer se devam fazer algumas restricções.

Entre os dois polos extremos da defensiva e offensiva ha situações intermedias que talvez mais nos convenham e melhor até se possam coadunar com o nosso caracter e adaptar aos nossos recursos. Os boers, como é sabido, lançaram-se simplesmente na defensiva pura, deixando por isso plena liberdade d'acção aos inglezes para manobrarem as suas tropas e tomarem as posições mais convenientes.

A sua inacção foi tão grande que se deixaram mesmo envolver por completo. Pedir para qualquer exercito um papel d'esses, seria um grande erro, em que, por Deus, não cahiremos. Mas, se a attitude dos boers, dentro mesmo do papel defensivo, tivesse sido um pouco mais activa, isto é, se com a sua manobra procurassem evitar que os inglezes tomassem as suas disposições tanto á vontade, certamente a acção de muitos combates, que poderiamos enummerar se necessario fosse, teria sido incontestavelmente bem diversa. Se do inicio do combate passarmos para as phases intermedias ou finaes e se passarmos em revista a grande maioria dos combates e batalhas que foram ganhas pelos inglezes, não podemos deixar de ver que uma simples tentiva offensiva da parte dos boers, ou o mais pequeno contra-ataque, seria o bastante para levar os inglezes de vencida. Para o provar poderiamos tambem citar muitos exemplos, mas que não faremos por nos parecer desnecessario e para não alongar demasiadamente este estudo. Diremos, não obstante, que os boers foram sempre felizes nos combates em que tomaram a offensiva ou executaram algum contra-ataque.

Todos estes factos, juntos a outras circumstancias que são do dominio de toda agente, levam-nos a aconselhar, a nós, portuguezes, um papel defensivo-offensivo. Mantendo-nos n'uma attitude defensiva, como por certo nos compete pela força das circumstancias, tirariamos todas as vantagens que ella offerece, que poderiamos reforçar com as vantagens que nos garante a offensiva se a soubessemos empregar com cautella e prudencia.

Levados por esta serie de considerações, enummerados muito summariamente não podemos deixar de dizer em conclusão que nos parece se procede erradamente todas as vezes que vemos enaltecer a offensiva com o firme proposito de desdenhar da defensiva.

XX — A infanteria montada tem a maxima arplicação nas guerras coloniaes.

A infanteria montada é um producto inglez. E' a elles que é devida, foram elles os primeiros que a empregaram e é por elles que foi classificada, talvez com pretenções d'espirito, como uma *quinta* arma.

Segundo as ideias que estão tomando predominio, o

papel que é distribuido á infanteria montada, será desempenhado na Europa pela cavallaria, para o que está habilitada desde que modifique os seus equipamentos e altere ou desenvolva a sua instrucção. Os proprios inglezes pensam assim e n'esta comformidade teem transformado a sua cavallaria d'uma maneira radical.

Nas colonias, porém, as condições, principalmente climatericas, impõem novas exigencias. A cavallaria mal pode alli prestar serviços por não ser propria e por não se terem condicções de resistencia os seus cavallos. Á infanteria, para resistir á acção debilitante do clima, mal pode, a pé, executar longas marchas. Para contar com ella no combate é necessario poupal-a nas marchas e o meio mais seguro, commodo e exequivel que é possivel obter, é transportal-a em cavallos ou muares de que se possa lançar mão. Estas duas razões, que são capitães, são a base do emprego da infanteria montada nas colonias.

E já agora, que estamos tratando este assumpto, vamos apresentar um alvitre, que nos parece ponderavel.

Nós não temos infanteria montada e em todo o caso temos muita infanteria, mesmo europêia, nas colonias. Ora se aquellas razões que apontámos são verdadeiras, estamos, sem duvida, em inferioridade manifesta. Para remediar esse mal, ahi vae o alvitre,—devemos montar as companhias europeias que já hoje temos nas colonias.

Ha augmento de despeza, bem sabemos, mas será por certo bem compensada pelo descanço para as tropas, o que se transformará em maior resistencia ao clima e, por consequencia, em melhores e mais dura douras serviços, que podem representar economias muito superiores.

XXI — Officiaes e soldados devem ter o mesmo uniforme de campanha, que deve ser d'uma côr que se confunda o mais possivel com o terreno.

Hoje esta affirmação por ninguem é contestada. Se porem a estabelecemos é porque quando começámos a publicar esta serie de artigos ainda assim se não pensava. N'essa altura ainda muitos ignoravam que os officiaes inglezes, que se apresentaram nos primeiros combates com os seus ricos e vistosos uniformes com que passeavam pelas ruas de Londres, foram obrigados, mesmo na propria campanha, a lançar fóra esses uniformes, que tanto os

denunciavam e que tantas victimas causaram, para enver-
garem o mesmo uniforme de que faziam uso os proprios
soldados. Os equipamentos passaram a ser tambem os
mesmos que os do soldado e a propria espada foi substi-
tuida pela carabina.

Tudo isto, que então muitos ignoravam, é hoje sabido
de todos, e, portanto, insistir mais n'isso será superfluo.

XXII — Finalmente, o tiro nacional garante a *nação armada*, mas para
a defeza dos estados é necessario um exercito permanente.

Esta proposição, tal qual está traçada, já nos deu assumpto para escrever um livro. [1] Em vista d'isso nada mais,
diremos sobre o assumpto.

Conclusão

A campanha transvaliana tem dado origem a interessantes controversias sobre questões tacticas. Uns dizem que
ella transformou a tactica, outros dizem que ella nada nos
revelou desconhecido. [2] Tendo estudado diversos pontos
controvertidos, é dever nosso apresentar, em resumo, uma
conclusão final.

O estudo attencioso da questão mostra-nos que realmente esta campanha não revolocionou a tactica, mas que
evidenciou bem claramente certos principios que nem por
todos eram conhecidos e que pela grande maioria eram
até desprezados. E' encarada debaixo d'este ponto de vista que ella deve ser estudada. A'quelles, porém, que o dese-
jarem fazer, aconselhamos-lhe o estudo simples dos factos
com desprezo da grande maioria das conclusões a que chegam quazi todos os livros francezes, sempre promptos a
desdenhar da campanha para desacreditar os inglezes. Res-
tos de Sedan, ressentimentos de Fashoda e inveja de en-
grandecimentos futuros.

---

[1] O Tiro Nacional — 1902 — 1 vol. — esg.
[2] Vide *Introducção* do livro — *A Tactica de Hoje*, por Callwell.

CPSIA information can be obtained
at www.ICGtesting.com
Printed in the USA
BVHW09*1549220818
525303BV00006B/83/P

9 780331 097382